Dieses Buch widme ich meinen beiden wunderbaren

Töchtern, die meine Hauptinspiration dazu waren.

Die Bedeutung der Psychomotorik

in der Krippenpädagogik

Ganzheitliche Persönlichkeitsentwicklung

durch Wahrnehmung und Bewegung

Ein Fachbuch

von

Mathias Mank

Copyright © 2015 Mathias Mank

1. Auflage

Alle Rechte liegen beim Autor.

Herstellung und Verlag:

BoD – Books on Demand, Norderstedt

ISBN 978-3-7347-6858-3

Inhaltsverzeichnis

1. Einleitung

1.1 Motivation

Neben den Erfahrungen, die ich während des Aufwachsens meiner beiden Töchter gemacht habe, war es vor allem meine zweijährige Tätigkeit in einer Krippe – mit dem Schwerpunkt Psychomotorik – die die Entstehung dieses Buches beeinflusst hat.

Dadurch konnte ich in Bezug auf die Psychomotorik einerseits viele positive und negative Kenntnisse sammeln, andererseits entwickelten sich durch die Arbeit auch diesbezüglich ziemlich viele Fragen, die zur Grundidee des Buches geführt haben. Zum einen habe ich gesehen, welche Probleme es bei der Umsetzung der Thematik geben kann und welches Unwissen und welche Unsicherheit nicht nur bei mir, sondern auch bei den Kollegen und Eltern in Bezug auf das Thema Psychomotorik vorherrschen. Zum anderen kam bei allen Beteiligten aber auch immer öfter die Frage der Notwendigkeit der Psychomotorik in der praktischen Arbeit in der Krippe auf. Da ich dazu keine fundierte Begründung geben konnte, entschied ich mich dazu, mich mit dieser Frage näher auseinanderzusetzen.

Bevor ich meine Arbeit in der Krippe angefangen habe, hatte ich den Begriff Psychomotorik noch nie gehört. Doch auch nachdem ich den Begriff gehört hatte, konnte ich mir nicht genau vorstellen, was Psychomotorik beinhaltet und was damit bzw. dadurch erreicht werden soll. In Gesprächen mit Kollegen aus der Einrichtung, den Pädagogen aus der Kita meiner Töchter und verschiedenen Eltern stellte ich fest, dass ich nicht der Einzige war, dem es so ging.

Die vorherrschende Unwissenheit resultierte in der Regel aus Klischeedenken ("das ist doch das mit den Pedalos") und der Tatsache, dass das Thema Psychomotorik oft auf Sport und Bewegung reduziert wird, obwohl man aber anhand der Fachliteratur schnell erkennen kann, dass es wesentlich komplexer ist.

Deshalb soll die Psychomotorik nicht nur Einzug in die schriftlichen Konzeptionen der Krippen finden, sondern auch in die praktische Arbeit.

Wie so etwas aussehen kann, möchte ich mit diesem Buch zeigen.

Mathias Mank

1.2 Ziel und Aufbau des Buches

Das Ziel des Buches ist es die Relevanz von Psychomotorik in der Krippenpädagogik darzulegen und aufzuzeigen, wie deren Umsetzung in der praktischen Arbeit aussehen kann. Um die Frage zu beantworten, gehe ich zuerst im zweiten Kapitel der Frage nach, was Psychomotorik ist. Dazu stelle ich zunächst das der Psychomotorik zugrundeliegende Bild vom Kind dar und führe danach aus, was Psychomotorik bedeutet und was ihre Inhalte und Ziele sind. Zudem erläutere ich den kindzentrierten Ansatz von Renate Zimmer und Meinhard Volkamer, der den praktischen Beispielen in Kapitel 5 zugrunde liegt.

Im dritten Kapitel des Buches begründe ich, warum Psychomotorik in der praktischen Arbeit notwendig ist. Dazu untersuche ich die beiden zentralen Vermittlungsmedien Wahrnehmung und Bewegung. Dabei widme ich mich zuerst dem Bereich der Wahrnehmung und danach dem Bereich der Bewegung, um am Schluss des Kapitels die Relevanz der Einbindung in die Praxis nachzuweisen. Dies geschieht einerseits auf der Grundlage des Hessischen Bildungs- und Erziehungsplans sowie andererseits aufgrund der veränderten Bewegungssozialisation der Kinder heute.

Um Kindern jedoch die richtigen Praxisangebote machen zu können, muss man als Pädagoge wissen, welche Rahmenbedingungen man dabei zu beachten hat. Diese Frage kennzeichnet das vierte Kapitel des Buches. Dazu gebe ich Hinweise und Anregungen zu den wichtigsten Rahmenbedingungen, die die Fachliteratur empfiehlt und die ich während meiner zweijährigen Praxiserfahrung sammeln konnte.

Im letzten Kapitel komme ich dann von der Theorie zur Praxis und gebe Beispiele für psychomotorische Förderung in der Krippe. Anhand von verschiedenen Aufbaumöglichkeiten einer Bewegungslandschaft zeige ich auf, wie die Umsetzung der psychomotorischen Arbeit in der Krippe aussehen kann.

Den Abschluss des Buches bildet ein Schlusswort.

2. Was ist Psychomotorik?

2.1 Das Bild vom Kind in der Psychomotorik

Die Basis für die psychomotorische Arbeit ist das zugrunde liegende Bild vom Kind, da das weitere Handeln des Pädagogen davon abhängt, wie er das Kind sieht. Grundlage der Psychomotorik ist das "Humanistische Menschenbild", welches *"implizit auf die besondere Rolle, die Körper- und Bewegungserfahrungen für die Entwicklung des Kindes haben"* (Zimmer 2008, S. 27) verweist. Dieses Bild geht von der Ganzheitlichkeit des Menschen aus, da *"psychische, kognitive, emotionale, soziale und somatische Prozesse"* (ebd.) immer aufeinander bezogen sind und somit immer der ganze Mensch an jeder seiner Handlungen beteiligt ist (vgl. ebd.).

Die weiteren Grundgedanken dieses Menschenbildes sagen aus, dass der Mensch nach Selbstständigkeit (Autonomie) strebt, aber eingebunden in eine Gemeinschaft ist (soziale Interdependenz). Zudem, dass er *"das Bedürfnis [hat], seine Umwelt zu erforschen, nach Wissen zu streben und seine schöpferischen Fähigkeiten zu entfalten"* (Zimmer 2008, S.

13

26f.). Dazu sind aber auch Umweltbedingungen *"erforderlich die diesen Prozess unterstützen und fördern."* (ebd.), da er auch ganzheitlich *"nach einem sinnvollen und erfüllten Dasein"* (ebd.) strebt.

Somit entspricht das Bild vom Kind in der Psychomotorik dem Bild vom Kind, welches auch die aktuelle Säuglings- und Kleinkindforschung sowie der Hessische Bildungs- und Erziehungsplan vertreten: Sie alle sehen das Kind als "kompetenten Säugling" an, der *"aktiver Gestalter seiner Entwicklung"* (Zimmer 2006, S. 49) ist und bereits direkt nach der Geburt mit *"funktionsfähigen Sinnesorganen und grundlegenden Kompetenzen"* ausgestattet ist und seine Welt über Wahrnehmungs- und Bewegungserfahrungen kennenlernt (vgl. Handreichung zum hessischen Bildungs- und Erziehungsplan 2010, S. 11; Hessischer Bildungs- und Erziehungsplan 2011, S. 20; Zimmer 2006, S. 46/47; Majewski 2012, S. 130; Wertfein 2011, S. 35ff.).

Renate Zimmer fasst dies meiner Ansicht nach sehr gut in folgendem Zitat zusammen:

" Der Mensch ist ein Bewegungswesen, der sich über seinen Körper und seine Sinne die Welt aktiv aneignet - vom ersten Lebenstag an." (Zimmer 2006, S. 46)

2.2 Definition der Psychomotorik

Basierend auf der "Psychomotorischen Übungsbehandlung" von Ernst J. Kiphard (1955) entwickelten sich bis heute zahlreiche psychomotorische Konzepte, deren einzelne Vorstellung den Rahmen dieser Arbeit sprengen würde. Gemein haben alle Ansätze die *"ganzheitliche Förderung von Kindern"* (Zimmer 2008, S. 38) durch Wahrnehmung und Bewegung, jedoch unterscheiden sie sich in der Regel sowohl inhaltlich als auch in der Art und Weise, wie sie vermittelt werden sollen (vgl. u.a. Zimmer 2008; Fischer 2009; Majewski 2012).

Um eine Vorstellung davon zu bekommen, was Psychomotorik ist, beginne ich mit Zitaten aus der Fachliteratur, die die Thematik gut erklären.

"Psychomotorik kann als ein Konzept ganzheitlicher Persönlichkeitsbildung durch Wahrnehmung und Bewegung verstanden werden, das grade in den ersten Lebensjahren als Grundlage jeglicher Entwicklungsförderung gilt." (Zimmer 2011, S. 14)

"Der Begriff Psychomotorik setzt sich aus den beiden Wörtern "Psyche" und "Motorik" zusammen und beschreibt demnach den Zusammenhang von Wahrnehmen - Bewegung - Erleben - Lernen und Handeln." (Majewski 2012, S. 19)

"Psychomotorik [ist] die Förderung der Entwicklung von Kindern durch das Zusammenspiel von Bewegen, Denken, Fühlen und Orientieren im Spiel oder einer anderen bedeutungsvollen sozialen Handlung zusammen mit anderen." (Eggert 1995, S. 20)

"Psychomotorik ist eine bewegungsorientierte Methode, die durch vielfältige Handlungs- und Problemlösemöglichkeiten in speziell dazu arrangierten Bewegungsszenarien einen positiven Einfluss auf die gesamte Entwicklung des Menschen nimmt." (Majewski 2012, S. 19)

"Psychomotorik kann als Einheit körperlich-motorischer und physisch-geistiger Prozesse verstanden werden. Jeder Mensch ist eine [...] psychomotorische Einheit." (Zimmer 2008, S. 21)

Um nach der Durchsicht der Literatur zur Einarbeitung ins Thema eine bessere Übersicht dazu zu erhalten, was Psychomotorik denn nun eigentlich ist und wie die Psychomotorik

16

aufgebaut ist, habe ich ein Schaubild (Abb. 1) erstellt. Im weiteren Verlauf des Kapitels orientiere ich mich daran, erörtere jedoch die Kategorien Wahrnehmung und Bewegung detailliert in Kapitel 3.

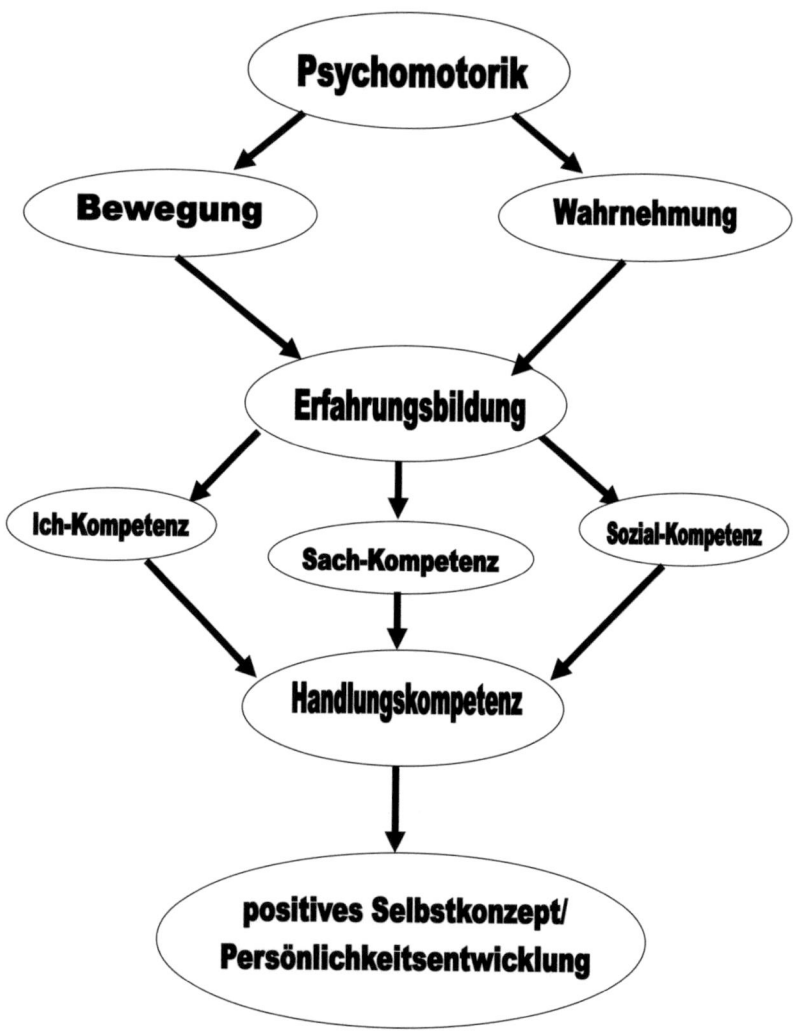

Abbildung 1: Schaubild Psychomotorik

Aus der Erstellung des Schaubildes habe ich folgende Definition

von Psychomotorik entwickelt:

"In der Psychomotorik sammelt das Kind durch (in der Regel)

selbständiges, ungezwungenes Explorieren in Form von

vielfältigen Wahrnehmungs- und Bewegungsangeboten Körper-,

Material- und Sozialerfahrungen und erwirbt somit

Handlungskompetenzen, die die Grundlage für seine

Persönlichkeitsentwicklung bilden und zu einem positiven

Selbstkonzept beitragen."

Demnach ist Psychomotorik ein Mosaik aus sensorischen,

motorischen und psychischen Bestandteilen, die miteinander in

Einklang gebracht werden und deren zentrale

Vermittlungsmedien Wahrnehmung und Bewegung sind.

2.3 Inhalte der Psychomotorik

Durch vielfältige, abwechslungsreiche und erlebnisorientierte Wahrnehmungs- und Bewegungsangebote, bei denen die Kinder mitentscheiden können und zur Eigentätigkeit angeregt werden, sollen sie Ich-Kompetenz, Sach-Kompetenz und Sozial-Kompetenz (auch Körper-, Material- und Sozialerfahrungen genannt) erwerben. Diese so gewonnenen Erfahrungen erweitern ihre Handlungskompetenzen, bilden die Basis der kindlichen Persönlichkeitsentwicklung und sollen im kindzentrierten Ansatz auch zu einem positiven Selbstkonzept beitragen (vgl. Zimmer 2011; Zimmer 2014; Fischer 2009; Majewski 2012; Wertfein 2011, S. 35ff.).

Um zu verdeutlichen, warum die verschiedenen Kompetenzen wichtige Inhalte der Psychomotorik sind, stelle ich sie nun – zum Teil veranschaulicht durch ein Beispiel aus der Praxis – vor.

2.3.1 Ich-Kompetenz

"[...]Körpererfahrungen sind die Basis für alle Erfahrungs-, Erkenntnis- und Entwicklungsmomente." (Zimmer 2011, S. 49) Was habe ich für Körperteile? Wie sehe ich aus? Was kann ich mit meinem Körper machen? Wer ist eigentlich „Ich"? Die Beantwortung dieser Fragen zählt zu den Körpererfahrungen (auch Ich-Erfahrungen, Körperwahrnehmungen oder Ich-Kompetenzen genannt). Der Verlauf von Körpererfahrungen vollzieht sich laut Zimmer (2011) von Erfahrungen mit dem eigenen Körper (Entdeckung der Körperteile) zu Erfahrungen, was ich mit meinen Körperteilen machen kann (Verwendungsmöglichkeit der Körperteile: z.B. Geräte/Material greifen und erkunden, robben, krabbeln) (vgl. Zimmer 2011, S. 51/52). Zudem äußern Kinder über ihren Körper auch ihre Gefühlslage (vgl. Fischer 2009, S. 57f.). Wenn ein Kind sich schlecht fühlt, wird es beispielsweise nicht fröhlich durch die Einrichtung flitzen, sondern sich in eine ruhige Ecke setzen oder auf den Boden legen. So können die Kinder den Pädagogen ihre psychische Stimmung auch nonverbal mitteilen (vgl. Zimmer 2011, S. 12; Herm 2006, S. 12).

"[...] Körpererfahrung [...] liefert somit die Grundlage, welche Fähigkeiten das Kind hat und was es damit bewirken kann. Diese

Selbstwirksamkeitserfahrungen sind die Basis für ein positives Selbstkonzept und damit wichtige Voraussetzungen für eine positiv verlaufende kindliche Entwicklung." (Zimmer 2011, S. 51)

2.3.2 Sach-Kompetenz

Durch selbständiges Ausprobieren, Erproben und Explorieren sollen die Kinder vielfältige Materialerfahrungen sammeln, die elementar für die Kognitionsentwicklung sind. Diese Erfahrungen entstehen durch sensomotorische Handlungen, die dann zu einem Erkenntnisgewinn führen. Dieser Verlauf wurde eingehend von Jean Piaget untersucht und belegt (vgl. Fischer 2009, S. 133f., Herm 2006, S. 22). Das Hantieren mit den verschiedensten Gegenständen lässt die Kinder *"Eigenschaften und Gesetzmäßigkeiten der dinglichen Umwelt"* (Fischer 2009, S. 24) kennenlernen. Dadurch werden die Handlungsmöglichkeiten der Kinder vergrößert.

"Materiale Erfahrungen sind in erster Linie Erfahrungen mit physikalischen Phänomenen. Zimmer nennt als erfahrbare Dimensionen Raum, Schwung, Zeit, Gleichgewicht und Reibung, die auf die Handlung Auswirkung haben. Das Kind führt eine Handlung aus, z.B. eine der grundlegenden

21

Bewegungstätigkeiten, das Schaukeln; es experimentiert und erprobt viele Schaukeltechniken." (Zimmer 2011, S. 64)

Im Kapitel 4.4 gebe ich Anregungen und Hinweise zur Geräte- und Materialausstattung und deren Einsatzmöglichkeiten.

2.3.3 Sozial-Kompetenz

Auf der Grundlage einer sicheren und gefestigten Bindung und von verlässlichen Bezugspersonen, die nur helfen, wenn es nötig ist und auf das Kind bzw. seine Bedürfnisse eingehen, leben die Kinder ihren natürlichen Forscher- und Entdeckerdrang aus und erkunden die Umwelt (vgl. Wertfein 2011, S. 38).

Durch Wahrnehmung und Bewegung können die Kinder in Kontakt mit anderen Personen (Kindern und Pädagogen) kommen und Sozialerfahrungen wie z.B. Kooperation, Empathie oder Rücksichtnahme machen (vgl. Fischer 2009, S. 24).

Dazu illustriere ich ein Praxisbeispiel: Zwei kleine Kinder (I. und A.) spielen unabhängig voneinander mit Förmchen im Sandkasten. A. sieht das Förmchen von I. und nimmt es in die Hand. I. nimmt dies wahr und reagiert seinerseits auf das Verhalten von A., indem es sich sein Förmchen zurückholt und dazu „Meins" sagt.

Anhand dieses Praxisbeispieles kann man sehr gut erkennen, wie die Kinder durch Wahrnehmung (Sehen des Förmchens) und Bewegung (Nehmen des Förmchens) miteinander in Kontakt treten.

Mit der *"Zunahme sozial-emotionaler Kompetenzen"* (Zimmer 2011, S. 77) und einer Vergrößerung der Lokomotion verändert sich auch das Spiel- und Sozialverhalten von Kindern. Während das Kind anfangs beim sensomotorischen Spiel, das durch Ausprobieren, Lernen und Begreifen durch aktives Handeln gekennzeichnet ist, noch in der Regel entweder alleine oder mit einem Pädagogen gespielt hat, entsteht mit ca. 2 Jahren das Parallelspiel. Beim Parallelspiel spielen die Kinder zwar neben-, aber noch nicht miteinander. Dies vollzieht sich erst im Interagierenden-Spiel.

In diesem Entwicklungsverlauf sollen die Kinder merken, dass sie im Gegensatz zum sensomotorischen Spiel beim Parallel- und vor allem beim Interagierenden-Spiel Kompromisse machen müssen, um mit anderen zu spielen, da jedes Kind seine Vorhaben umsetzen mag.

Das Wissen um diesen Verlauf soll dem Pädagogen als Grundlage zur Planung psychomotorischer Angebote dienen (vgl. Zimmer 2011, S. 75ff.).

2.4 Ziel der Psychomotorik

Die folgenden Zitate belegen, dass das (Haupt-)ziel der Psychomotorik die ganzheitliche Persönlichkeitsentwicklung der Kinder auf der Grundlage des vorgestellten Bildes vom Kind durch das Sammeln-Lassen von Erfahrungen in den unter Punkt 2.3 dargelegten Bereichen ist.

"Ziel psychomotorischer Förderung ist es, die Eigentätigkeit des Kindes zu fördern, ihm Vertrauen in die eigenen Fähigkeiten zu vermitteln und damit zum Aufbau eines positiven Bildes der eigenen Person beizutragen [...]." (Zimmer 2011, S. 12)

"Psychomotorische Förderung verfolgt damit einerseits das Ziel, über Bewegungserlebnisse zur Stabilisierung der Persönlichkeit beizutragen - also das Vertrauen in die eigenen Fähigkeiten zu stärken-, andererseits soll jedoch auch eine Bearbeitung [...] der Probleme des Kindes in der Auseinandersetzung mit sich selbst und seiner Umwelt ermöglicht werden." (Zimmer 2008, S. 22)

"Unter dem Anspruch einer ganzheitlichen Vorgehensweise steht die Förderung der gesamten Persönlichkeitsentwicklung eines

Kindes durch das Medium Bewegung im Vordergrund." (Zimmer 2008, S. 22)

Dabei stehen Inhalte und Ziele der Psychomotorik in einer wechselseitigen Beziehung zueinander, da zum Beispiel das selbständige Sammeln von Erfahrungen (u.a.) einerseits als ein Ziel der Psychomotorik gesehen werden kann, andererseits aber zugleich als ein Inhalt den das Kind erfahren soll, um dem Ziel der ganzheitlichen Persönlichkeitsentwicklung näher zu kommen (vgl. Zimmer 2006, Melchert 2011).

2.5 Der kindzentrierte Ansatz

Der kindzentrierte Ansatz von Renate Zimmer und Meinhard Volkamer basiert sowohl auf dem anfangs dargelegten Bild vom Kind als auch auf der bisherigen Definition der Psychomotorik. Jedoch hat er besondere Merkmale, die ich nun nachfolgend darstelle.

2.5.1 Die Rolle des Pädagogen und des Kindes

Der Ansatz zeigt Ähnlichkeiten zur "nicht-direktiven Spieltherapie" von Axline (1980) und zur Rogers "Persönlichkeitstherapie" (1973) (vgl. Majewski 2012; Fischer 2009; Zimmer 2008). Dabei kommt dem Pädagogen eine sehr wichtige Rolle zu, da er nicht derjenige ist, der bestimmte Übungen vorgibt, sondern eher als Interaktionspartner oder Helfer zur Seite steht. In der Regel soll der Pädagoge auf das Tun des Kindes keinen Einfluss nehmen oder es lenken und setzt nur dann Grenzen, wenn Kinder Material zerstören oder aggressiv gegenüber anderen Kindern sind (vgl. Fischer 2009, S. 224f.).

"Der [Pädagoge] bietet sich als Spielpartner und als Helfer an, der die Impulse vom Kind aufgreift und zu deren

Weiterentwicklung anregt. Er folgt dem Weg des Kindes, das die Richtung durch seine Handlungsimpulse bestimmt." (Fischer 2009, S.225)

In diesem Zitat wird sowohl die Rolle des Pädagogen deutlich, als auch die des Kindes: das Kind wird als gleichberechtigter Gegenüber angesehen, der selbst denkt, fühlt und handelt und größtenteils eigenverantwortlich ist. Zudem entscheidet das Kind selbst darüber ob, was und wie es etwas durchführt. Diese Freiheit gibt dem Kind das Gefühl der Selbständigkeit, was dazu beitragen soll, dass das Kind statt eines negativen Selbstkonzeptes – das als *"die wichtigste Ursache für Entwicklungsstörungen"* (Majewski 2012, S. 130) gesehen wird – ein positives Selbstkonzept entwickelt (vgl. Fischer 2009; Majewski 2012). Diese nicht-direktive Haltung des Pädagogen, der dem Kind Angebote macht statt Aufgaben gibt, soll zur Folge haben, dass das Kind die Einstellung "Ich kann XY machen" entwickelt und nicht von der Einstellung "Ich muss XY machen" belastet wird (vgl. Fischer 2009, S. 225).

2.5.2 Ziel: Bildung eines positiven Selbstkonzeptes

Ein weiteres zentrales Merkmal des kindzentrierten Ansatzes ist das Ziel ein positives Selbstkonzept zu entwickeln, welches Fischer als *"wichtigen Bestandteil in der kindlichen Persönlichkeitsentwicklung"* (Fischer 2009, S. 225) sieht. Doch was ist das Selbstkonzept eigentlich? Diese Frage beantworte ich zunächst mit Zitaten aus der Literatur, um im weiteren Verlauf etwas näher auf den Aufbau des Selbstkonzeptes einzugehen.

"Das Selbstkonzept ist ein mentales Modell einer Person über ihre Fähigkeiten und Eigenschaften. Eine "kognitive Repräsentation" des eigenen ICH." (Majewski 2012, S. 66)

"Unter dem Selbstkonzept lassen sich alle Einstellungen und Überzeugungen zur eigenen Person fassen, die das Individuum aus den bisherigen Lebenserfahrungen gezogen hat." (Fischer 2009, S. 88)

"Das Selbstkonzept wird in der Literatur auch als die "kognitive Repräsentation" der eigenen Person oder als die Summe der Erfahrungen über sich selbst bezeichnet" (Schwarzer 2000, S. 69 zitiert nach: Zimmer 2008, S. 53)

28

Zum übersichtlicheren Verständnis nutze ich eine Grafik (Abb. 2)

zum "Aufbau des Selbstkonzeptes" nach Zimmer (2008, S. 53):

Selbstkonzept

**Einstellung und Überzeugungen
zur eigenen Person**

Selbstbild	**Selbstwert-gefühl**
neutral beschreib- bare Merkmale der Persön- lichkeit (Fähig- keiten, Aussehen etc.)	Bewertung der Merkmale, Zufrieden- heit mit den Fähigkeiten etc.

Abbildung 2: Aufbau des Selbstkonzeptes nach Zimmer

Da aus der Abbildung (Abb. 2) ersichtlich wird, dass sich das Selbstkonzept aus dem Selbstbild und dem Selbstwertgefühl bildet, erläutere ich diese beiden Bereiche nachfolgend (vgl. Zimmer 2008, S. 53f.).

Selbstbild

Das Selbstbild stellt den kognitiven Bestandteil dar. In der frühen Kindheit bilden Körpererfahrungen die Grundlage des Selbstbildes. Es wird aus dem Eigenbild und dem Fremdbild gebildet. Also aus den sozialen und materiellen Erfahrungen, die ein Kind mit anderen Menschen macht (Eigenbild) und aus den Erwartungen, die andere an das Kind stellen (Fremdbild). Zimmer fasst das Selbstbild als *"das Wissen über sich selbst"* (Zimmer 2008, S. 52) zusammen. Dazu zählt u.a. das Kennen des eigenen Aussehens, der eigenen Stärken oder der Schwächen und Fähigkeiten. Das Selbstbild ist verantwortlich für Mut, Selbstvertrauen und Angst (vgl. Zimmer 2008, S. 51f.).

Selbstwertgefühl

Das Selbstwertgefühl (auch Selbstwertschätzung genannt) (vgl. Zimmer 2008, S. 53) ist der emotionale Bestandteil des Selbstkonzeptes. Hier werden die im Selbstbild gemachten Merkmale bewertet. Zum Beispiel "Ich finde es gut, dass ich hoch klettern kann" oder "Ich mag es, wie ich aussehe".

Ein positives Selbstkonzept bietet die Chance für Zuversicht und Neugier und *"äußert sich zum Beispiel in der Überzeugung, neuartige und schwierige Anforderungen bewältigen zu können [...]."* (Zimmer 2006, S. 63) Das Selbstkonzept hat Auswirkungen auf die Motivation, denn je mehr Selbstvertrauen ich habe, desto überzeugter bin ich, etwas selbst steuern und eventuell verändern zu können (vgl. Zimmer 2008, S. 55/56).

Von daher ist es eminent wichtig, kein negatives Selbstkonzept entstehen zu lassen (u.a. durch häufige Misserfolge, negative Rückmeldungen), denn dadurch trauen sich die Kinder immer weniger zu und werden unter Umständen zu Außenseitern. Die Folgen im Verhalten können u.a. Zögern, Vermeiden und mangelndes Selbstvertrauen sein (vgl. Zimmer 2008).

3. Wahrnehmung und Bewegung als zentrale Vermittlungsmedien

Wie im zweiten Kapitel des Buches deutlich wurde, sind Wahrnehmung und Bewegung die beiden bedeutsamsten Vermittlungsmedien der Psychomotorik. Sie sind elementar, um die Kinder die unter Punkt 2.3 dargelegten Inhalte der Psychomotorik erfahren zu lassen und ihnen somit das Ziel der ganzheitlichen Persönlichkeitsentwicklung bzw. der Entwicklung eines positiven Selbstkonzeptes zu ermöglichen. Diese Auffassung wird sowohl von Fischer (2009) als auch von Zimmer (2014) bestätigt, da laut Fischer Wahrnehmung und Bewegung *"die beiden zentralen Kategorien des psychomotorischen Förderansatzes sind [...]"* (Fischer 2009, S. 57) und zudem Renate Zimmer schreibt, dass *"Bewegungs- und Wahrnehmungserfahrungen als Grundlage der kindlichen Erziehung betrachtet [werden]" (Zimmer 2014, S. 78).*

Aufgrund dieser Relevanz ist eine genauere Betrachtung der beiden Kategorien notwendig. Zur besseren Übersicht stelle ich beide Bereiche getrennt voneinander vor, obwohl sie aber psychomotorisch *"als untrennbare Einheit zu verstehen [sind]."* (Beckmann 2005, S. 7)

Dazu erläutere ich zunächst was Wahrnehmung eigentlich ist, welche Sinne der Mensch überhaupt hat, wie der Wahrnehmungsverlauf sowie die Wahrnehmungsentwicklung vonstattengehen und welche Bedeutung die Wahrnehmung für die kindliche Entwicklung hat. Danach führe ich aus, was Bewegung ist, wie die motorische Entwicklung in der frühen Kindheit verläuft und zeige die Bedeutung der Bewegung für die kindliche Entwicklung auf.

Im hinteren Teil dieses Kapitels begründe ich, warum die Psychomotorik als ein unabdingbarer Bestandteil der Kindheitspädagogik benötigt wird.

3.1 Wahrnehmung

3.1.1 Was ist Wahrnehmung

"Wahrnehmen ist ein breit angelegter, innerer Verarbeitungsprozess, an dem die Sinnesorgane, der Körper, Gefühle, Denken und Erinnerungen beteiligt sind." (Neuß 2011, S. 116)

"Wahrnehmung [ist] ein Prozess der Differenzierung eines aktiv handelnden Kindes und niemals das Resultat eines Anreichungsprozesses von Informationen." (Pick 1992 zitiert in Fischer 2009, S. 63)

"Unter Wahrnehmung versteht man den Prozess der Aufnahme (durch verschiedene Sinnessysteme), Koordination und Verarbeitung (im Gehirn) von Reizen und Informationen aus der Außenwelt oder dem eigenen Körper." (Beckmann 2005, S. 9)

"Wahrnehmung ist - bezogen auf den Prozess der kindlichen Entwicklung - von Anfang an eine komplexe, intermodale Leistung

des Subjektes (der Person) auf der Basis bedeutungsgebundener Bewegungshandlungen." (Fischer 2009, S. 62)

"Wahrnehmung [ist] ein komplexer Prozess von Informationsaufnahme verschiedenster Reize, ausgehend vom Körper und der Umwelt, sowie deren Weiterleitung und Verarbeitung [...]." (Zimmer 2011, S. 106)

"Unter Wahrnehmung wird das Aufnehmen und Verarbeiten von Reizen über die verschiedenen Sinnessysteme verstanden." (Zimmer 2014, S. 78)

Die Definition von Wahrnehmung wird wie man sehen kann in der Fachliteratur nahezu identisch als vielschichtiger Ablauf beschrieben, bei dem diverse Reize über die sieben Sinne des Menschen aufgenommen werden (können). Im weiteren Verlauf erörtere ich die relevanten Informationen und Abläufe in Bezug auf die Wahrnehmung und zeige die Bedeutung der Wahrnehmung für die kindliche Entwicklung auf.

35

3.1.2 Die Sinne des Menschen

Der Mensch hat sieben Sinne, die er in der Regel direkt nach der Geburt nutzen kann und die sich nur weiter ausbilden und verfeinern, wenn sie regelmäßig genutzt und durch externe Reize stimuliert werden (vgl. Herm 2006; Zimmer 2011). Beckmann hat die sieben Sinne samt des dazugehörigen Sinnesorgans bzw. der dazugehörigen Sinnesorgane und der daraus gewonnen Informationen sehr anschaulich in folgender Tabelle (Abb. 3) dargestellt (Beckmann 2005, S. 9):

System	Sinnesorgan	Gewonnene Informationen
Taktiles System	Haut	Die Haut ist das größte Wahrnehmungsorgan, darüber wird Druck, Berührung, Temperatur und Schmerz wahrgenommen.
Vestibuläres System	Gleichgewichtsorgan im Innenohr	Über Rezeptoren im Innenohr werden Lage und Orientierung im Raum, Beschleunigung des eigenen Körpers und das Gleichgewichtsempfinden wahrgenommen.
Kinästhetisches System (Bewegungsempfinden)	Propriozeptoren in Muskeln, Sehnen und Gelenken	Die Bewegungen des eigenen Körpers, die Stellung der Körperteile zueinander, Muskelspannung. Kraft des eigenen Körpers und Gewicht von Objekten wird wahrgenommen.
Visuelles System	Augen	Der Sehsinn nimmt die meisten Informationen auf, er unterscheidet Helligkeit, Farbe, Form und Lage von Objekten und Lebewesen.
Auditives System	Ohren	Durch die akustische Wahrnehmung wird die Tonhöhe, Lautstärke, Geräusche, Sprache, Art und Ort von Schallquellen aufgenommen
Geruchssystem	Nase	Reizstoffe und Reizintensität werden unterschieden.
Geschmackssystem	Zunge	Unterschieden werden kann süß, sauer, salzig und bitter.

Abbildung 3: Die sieben Sinne des Menschen

Diese Sinne werden von Renate Zimmer auch als "Grundwahrnehmungsbereiche" bezeichnet (vgl. Zimmer 2011; Zimmer 2014).

Zudem unterteilt sie die sieben Sinne ihrerseits nochmal in "körpernahe Sinne" und "körperferne Sinne", wobei ihrer Meinung nach die körpernahen Sinne *"die Basis sensorischer Verarbeitung und damit ein Fundament der kindlichen Entwicklung"* (Zimmer 2011, S. 107) darstellen. Beckmann teilt diese Auffassung und sagt auch, dass sie die *"Grundlage der kindlichen Entwicklung"* (Beckmann 2005, S. 10) bilden und gerade unter dem Aspekt der heutigen Bewegungssozialisation (dazu Kapitel 3.3) ganz besonders gefördert werden sollten (vgl. ebd.).

Die "körpernahen Sinne" sind (vgl. u.a. Zimmer 2014, S. 80):

- Tast-/Berührungssinn (taktiler Sinn)
- Bewegungssinn (kinästhetischer Sinn
- Gleichgewichtssinn (vestibulärer Sinn)
- Geschmackssinn (gustatorischer Sinn)
- Geruchssinn (olfaktorischer Sinn

Die "körperfernen Sinne" sind (ebd.):

- Gehörsinn (auditiver Sinn)
- Sehsinn (visueller Sinn)

3.1.3 Der Ablauf der Wahrnehmung

Zum besseren Verständnis möchte ich an einem Beispiel zeigen, wie der Ablauf der Wahrnehmung bei Kindern von statten gehen kann:

Anna, 22 Monate alt, ist zum ersten Mal mit ihrem Papa im Schwimmbad. Beide sind zusammen im Becken. Anna steht aufrecht und ihr Papa liegt auf dem Bauch im Wasser. "Achtung" sagt ihr Papa, taucht seinem Kopf kurz unter Wasser und kommt schnell wieder nach oben. Anna steht wie angewurzelt da, schaut ihn an und ist überrascht. "Wo war Papa eben?" Ihr Papa wiederholt den Tauchvorgang mehrfach und mit jeder weiteren Widerholung nimmt Anna mehr wahr. Sie fängt an zu lachen und berührt die Haare ihres Vaters, wenn er unter Wasser ist. Nach einiger Zeit beginnt sie – immer wenn er wieder aufgetaucht ist – zunächst ihre Hände, später auch den ganzen Arm unter Wasser zu verstecken.

Am Anfang nimmt sie mit Hilfe eines ihrer Sinnesorgane (auch Sensoren genannt) (Auge) wahr, dass ihr Papa weg ist. Die aufgenommenen Reize werden dann von den Rezeptoren in elektrische Signale umgewandelt und an das Zentralnervensystem (ZNS) weitergeleitet. Dort werden alle Informationen zusammengeführt, verarbeitet und zugleich koordiniert. Dieser

Ablauf wird "sensorische Integration" genannt (vgl. Ayres 1998, S. 322). Eine motorische Reaktion/Handlung ist die Folge (vgl. Beckmann 2005; Zimmer 2014).

Dadurch, dass ihr Vater den Ablauf mehrfach wiederholt, sammelt sie Erkenntnisse, die einerseits dafür sorgen, dass sie versteht was passiert und andererseits dazu führen, dass sie im weiteren Verlauf weitere Sinne einsetzt (z.B. taktil, kinästhetisch) (vgl. Zimmer 2011).

Zur besser Übersicht habe ich zum Ablauf der Wahrnehmung folgendes Schaubild erstellt (Abb. 4):

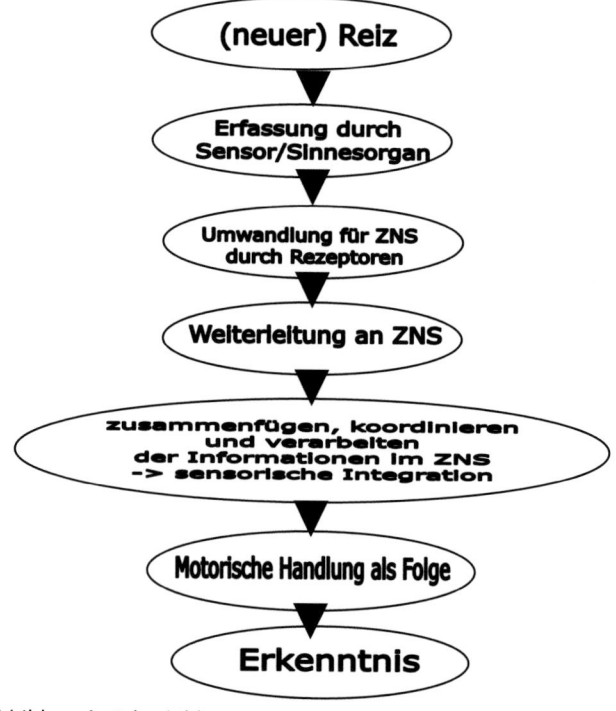

Abbildung 4: Schaubild

3.1.4 Der Verlauf der Wahrnehmungsentwicklung

Im Zusammenhang mit der Wahrnehmungsentwicklung bei Kindern werden in der Fachliteratur dazu drei unterschiedliche Ansätze vorgestellt:

Affolter (1975) gibt an, dass die Wahrnehmungsentwicklung in den folgenden drei aufeinander aufbauenden Stufen abläuft:

1. modale Entwicklungsstufe: Viele nicht miteinander verbundene Informationen landen im Gehirn/ZNS und werden dort nach und nach gegliedert, aber nicht miteinander verknüpft. So können Säuglinge z.B. Stimmen unterscheiden.

2. intermodale Entwicklungsstufe: Die verschiedenen einzelnen Informationen werden auf dieser Stufe miteinander verbunden. Beispiele dafür wären die *"Koordination des Sehens und Greifens"* (Zimmer 2014, S.82) oder die Verknüpfung einer Stimme mit einem bestimmten Gesicht.

3. seriale Entwicklungsstufe: Zusammenfügen diverser Reize in räumlichen und zeitlichen Abfolgen zu einem Ganzen. Dies wird vom Kind im Gehirn gespeichert und kann immer abgerufen werden (vgl. ebd.).

Affolter vertritt somit die These, dass die Wahrnehmungsentwicklung erst isoliert voneinander abläuft und im Laufe der Zeit ganzheitlich wird.

Dornes (1996) Theorie geht vom *"kompetenten Säugling"* (Zimmer 2014, S.82) aus, der bereits ab dem Zeitpunkt der Geburt mit vielen Eigenschaften ausgestattet ist. Im Gegensatz zu Affolter ist er der Auffassung, dass die im ZNS ankommenden Reize nicht isoliert voneinander sind, sondern *"von Anfang an miteinander in Beziehung gesetzt werden."* (ebd.). Er nennt diesen Ablauf "kreuzmodale Wahrnehmung". Seiner Ansicht nach verläuft die Wahrnehmungsentwicklung also zunächst ganzheitlich und wird dann in verschiedene Sektionen separiert (vgl. ebd.).

Der dritte Ansatz stammt von Gibson (1988). Sie bezeichnet die Wahrnehmungsentwicklung als Erkundungsaktivität (vgl. Fischer 2009, S. 63). Das von ihr genutzte Menschenbild weist Ähnlichkeiten zu dem Piagets' auf (vgl. ebd.), da sie der Ansicht ist, dass Wahrnehmungsentwicklung immer im Zusammenhang mit Bewegung steht und nicht getrennt voneinander verläuft (vgl. Fischer 2009, S.66).

Das Kind entwickelt seine Wahrnehmung durch *"Erkundungs- und Handlungsprozesse."* (ebd.) Im Verlaufe seiner Entwicklung wird die *"Erkundungsaktivität durch Handeln [...] zum beherrschenden Element der Lebensgestaltung."* (Fischer 2009, S. 65) Die mit dem Alter zunehmenden Fortbewegungsmöglichkeiten sorgen dafür, dass auch die Entwicklung der Wahrnehmung des Kindes immer weiter voranschreitet, da es immer mehr Angebote der Umwelt erkunden kann (vgl. Wertfein 2011, S. 41). Laut Fischer *"sind diese Angebote Handlungsmöglichkeiten"* (2009, S. 64) die man mit einem Objekt haben kann. Beispiele dafür wären: Eine Tasse bietet uns an daraus zu trinken oder ein anderes Kind bietet uns an sozialen Kontakt herzustellen (vgl. ebd.).

Ein breites Spektrum an Umweltangeboten, welche das Kind erkunden kann, ist also die Grundvoraussetzung für die Wahrnehmungsentwicklung des Kindes.

Während Affolters Ansatz mittlerweile durch zahlreiche Studien (vgl. u.a. Beebe/Lachmann 2004, S. 93; Lohmann/Klein/Salis 2010, S. 352; Fischer 2009, 68f.) in Frage gestellt wurde, bilden die anderen beiden Ansätze die aktuelle Grundlage der Wahrnehmungsentwicklung bei Kindern.

3.1.5 Bedeutung der Wahrnehmung für die kindliche Entwicklung

"Je jünger ein Kind ist, umso ausschließlicher kann es den eigenen Körper, andere Personen oder Lebewesen, Dinge oder Beziehungen zwischen Menschen nur durch Wahrnehmung [...] kennen lernen." (Herm 2006, S. 20)

Kinder haben von Geburt an einen natürlichen Explorationsdrang, der dafür sorgt, dass sie wahrnehmen und erfahren wollen. In der frühen Kindheit nehmen sie zunächst ihren Körper wahr und danach ihre Umwelt. Damit sie dies können, benötigen sie die in Kapitel 3.1.2 vorgestellten körpernahen und körperfernen Sinne. Diese können sich aber nur entwickeln und verbessern, wenn sie angeregt und aktiv genutzt werden. Jede Begrenzung von Sinneserfahrungen hat für die weitere Entwicklung der Kinder sehr große negative Konsequenzen, da *"in den ersten 6 Lebensjahren die sogenannten "sensiblen Phasen" [liegen] in denen der Mensch die Fähigkeit zur Entwicklung seiner Sinnesfunktionen entfaltet."* (Herm 2006, S. 31)

Die Wahrnehmung sorgt dafür, dass das Kind zuerst *"ein Bild von seinem Körper"* (Zimmer 2011, S. 108) ausbildet und so zwischen sich und der Umwelt trennen kann (vgl. ebd.). Die Umwelt sorgt mit ihren Angeboten dafür, dass das Kind Erfahrungen durch Wahrnehmung sammeln kann. Je mehr Wahrnehmungserfahrungen ein Kind aktiv sammeln kann, desto besser können sich seine Sinnesreize differenzieren, was zum Beispiel bedeutet Wichtiges von Unwichtigem trennen zu können. Bestes Beispiel dafür ist die Konzentration auf eine bestimmte Sache. Dies ist wichtig für das Kind, um in eine Beziehung zur Umwelt zu treten und sich in ihr zurechtfinden zu können (vgl. Beckmann 2005, S. 9; Zimmer 2008, S. 62f.; Fischer 2009, S. 64).

"Erst auf der Grundlage sinnlicher Wahrnehmungen erwirbt das Kind die Fähigkeit, willkürliche, zielgerichtete Bewegungen ausführen zu können [...]." (Beckmann 2005, S.10)

Dieses Zitat drückt einerseits aus, wie bedeutsam Sinneswahrnehmungen für die sensorische Integration sind, welche die zentrale Rolle im Wahrnehmungsverlauf einnimmt, da sie quasi die Schnittstelle zwischen Sinnesreiz und motorischer Handlung ist (vgl. Herm 2006, S. 31). Andererseits wird durch das Zitat aber auch verdeutlicht, welche Bedeutung die Wahrnehmung für die kindliche Entwicklung hat, da Kinder ohne sinnliche Wahrnehmungen keine Bewegungen ausführen können.

3.2 Bewegung

3.2.1 Was ist Bewegung?

"Bewegung ist die Veränderung eines Objektes in seinem räumlichen Verhältnis zu anderen Gegenständen. Unter körperlicher Bewegung wird eine physische Aktivität verstanden, die von einem Zusammenziehen oder Strecken von Muskeln und einem erhöhten Energieverbrauch begleitet wird. Bewegungen können bewusst über das Gehirn gesteuert oder unwillkürlich über Rückenmark und vegetatives Nervensystem ausgelöst werden. Zu den körperlichen Bewegungen gehören Alltags- und besonders auch anstrengende berufliche Tätigkeiten, aber ebenfalls Freizeit- und Sportaktivitäten." (http://definition-online.de/bewegung/)

Diese Definition von Bewegung drückt am besten aus, dass Bewegung nicht nur auf "Sport" reduziert werden kann und darf, sondern dass sie immer da ist. Zimmer weist in diesem Zusammenhang sogar darauf hin, dass Bewegung selbst dann da ist, wenn wir der Meinung sind, dass wir uns gar nicht bewegen. Zum Beispiel, wenn wir still sitzen, bewegt sich in uns das Blut (vgl. Zimmer 2014, S. 19f.).

3.2.2 Motorische Entwicklung in den ersten 3 Lebensjahren

Das Kind kommt bei der Geburt als *"produktiv realitätsverarbeitendes Subjekt"* (Neuß, S.113) zur Welt, das diverse Reflexe (u.a. Saug- und Greifreflex) besitzt, die es zum Überleben benötigt. Sein erstes Lebensjahr ist durch eine stetige Entwicklung der Selbständigkeit gekennzeichnet. Ebenso, wie bei der Wahrnehmungsentwicklung läuft auch die motorische Entwicklung so ab, dass das Kleinkind zunächst *"vom ganzen Körper ausgeführte Bewegungen"* (Zimmer 2014, S. 84) macht und diese mit jedem Tag und mit jeder gemachten Erfahrung verfeinert. Dies ist durch die in Kapitel 3.1.3 vorgestellte sensorische Integration begründet. Die Verfeinerung des motorischen Verhaltens basiert laut Zimmer (2014, S. 85) auf den folgenden vier Gesetzmäßigkeiten:

1. Cephalo-caudale Entwicklungsrichtung: Kontrollierte Bewegungen des Kleinkindes beginnen mit dem Kopf und gehen über den Körper bis zu den Füßen.
2. Proximodistale Entwicklungsrichtung: Dies hat zur Folge, dass das Kind hinsichtlich der Muskelkontrolle auch

zunächst den ganzen Körper nutzt, bevor es lernt Hände und Füße zu nutzen. Zuerst handeln die Kinder also grobmotorisch und dann feinmotorisch.

3. Kontralaterale Mitbewegung: Einseitig ausgeführte Bewegungen, die im Laufe der Zeit auch von der anderen Seite ausgeführt werden.

4. Hypertonie der Muskulatur: Das Kleinkind setzt aufgrund seiner (noch) mangelhaft ausgebildeten Steuerungsfähigkeit zu viel Kraft und Muskelspannung ein, um Bewegungen auszuführen.

Diese Gesetzmäßigkeiten geben Indizien für scheinbar ungelenke, unkoordinierte und eckig-aussehende Bewegungen von Kleinkindern, jedoch entwickeln sie sich grade in der Phase bis zum 18. Monat *"so gravierend und schnell"* (Zimmer 2014, S. 86) wie nie mehr wieder.

Die motorische Entwicklung wird nicht nur durch die vererbten Anlagen, sondern in aller erster Linie durch vielfältige *"Anregungen, die das Kind von seiner materialen und sozialen Umwelt erhält"* (ebd.) beeinflusst. Da die Kinder unter verschiedenen sozial-kulturellen Bedingungen aufwachsen, ist es nicht verwunderlich, dass dies auch Folgen für die motorische Entwicklung der Kinder hat und diese Entwicklung unterschiedlich verlaufen kann (vgl. Neuß 2011, S. 114). Aufgrund dessen kann es keine vorgeschriebenen Normen bei der Bewegungsentwicklung geben, jedoch werden in der Literatur grobe zeitliche Rahmen für die Entwicklung bestimmter motorischer Fähigkeiten und Fertigkeiten genannt, die dem Pädagogen als Hilfe dienen sollen, um zu sehen, ob das motorische Verhalten eines Kindes im entwicklungsgerechten Bereich liegt oder ob es (weit) darüber oder darunter liegt, wobei *"allgemeingültige Aussagen zur kindlichen Entwicklung in den ersten drei Lebensjahren nur vage möglich [sind], da sich jedes Kind [...] individuell unterschiedlich entwickelt."* (Wertfein 2011, S. 43)

Zur besseren Übersicht stelle ich die wichtigsten in der Fachliteratur genannten Meilensteine der motorischen Entwicklung in der frühen Kindheit tabellarisch dar (Abb. 5) (vgl. Neuß 2011, S. 117; Zimmer 2014, S. 88ff.; Herm 2006, S. 42ff.; Böcker 2011, S. 7ff.):

Alter in Monaten	motorische Entwicklung/motorisches Können
Dritter Monat	• Sicheres Aufrecht Halten und Drehen des Kopfes • Bauchlage mit Unterarmstütz
Zweiter bis vierter Monat	• Kontrolle über die oberen Körperpartien

	• beidseitiger Unterarmstütz mit gleichzeitiger Abhebung von Kopf und Brust vom Boden
	• zugleich Beginn der Gleichgewichtsentwicklung
	• *"Nutzung der Hände als Wahrnehmungsinstrumente"*
Vierter bis sechster Monat	• Auseinandersetzung mit Umweltangeboten • Verbesserung der Auge-Hand Koordination
Sechster bis siebter Monat	• freies Sitzen auf dem Boden mit Hilfe • erste Drehbewegungen vom Bauch auf den Rücken
Achter bis neunter Monat	• freies Sitzen auf dem Boden ohne Hilfe • erste zielgerichtete Lokomotionsversuche in Form von Robben mit ausschließlichem Unterarmeinsatz
Achter bis elfter Monat	• Lokomotion weitestgehend durch Krabbeln mit Händen und Knien (bei guter Entwicklung nach dem "gekreuzten Bewegungsmuster", bei dem immer Arm und Bein der

	entgegengesetzten Seite gleichzeitig bewegt werden -> Krabbeln ist bei einigen Kindern Vorbereitung auf den aufrechten Gang, andere überspringen das Krabbeln auch) • bewusstes Greifen und Loslassen von Gegenständen
Neunter Monat	• Stehen mit Festhalten an einem Gegenstand (z.B. Möbelstück, Handlauf)
Zehnter bis elfter Monat	• Laufen mit Festhalten • Hochziehen an Möbelstücken (o.ä.) in den Stand • selbständiges Seitwärtsgehen an einem Gegenstand • Hinsetzen noch nicht möglich, deshalb kann es nur plumpsen
Elfter bis achtzehnter Monat	• Kind kommt aus dem Vierfüßlerstand selbst zum Stehen und fängt an zu gehen • Kind kann noch nicht anhalten und geht, bis es ein Hindernis erreicht (z.B. Möbelstück, Erwachsener) • nur schnelles Gehen möglich, da zum langsameren Gehen ein besseres

	Gleichgewicht nötig ist
	• beim Gehen werden die Arme oftmals angehoben
	• breitbeiniger Gang mit flach aufsetzenden Füßen
	• Gehen erfordert u.a.: Beweglichkeit, Muskelaufbau, Körperschwerpunktverlagerung, Gleichgewichtskoordination
Achtzehnter bis zwanzigster Monat	• Treppensteigen mit Nachstellschritt (erst nur aufwärts, danach auch abwärts)
	• Beginn des Kletterns
	• Ball rollen und ungezielt werfen
	• beidbeiniges Hüpfen
	• Purzeln
	• Balancieren
Achtzehnter bis vierundzwanzigster Monat	• Ball rollen und ungezielt werfen
	• beidbeiniges Hüpfen
	• Purzeln
	• schnelleres Laufen
	• sofortiges Anhalten mit Richtungswechsel
	• einbeiniges Hüpfen mit Festhalten
	• freies Treppesteigen

	• Verbesserung der Feinmotorik • Benennung von Körperstellen und - teilen
Vierundzwanzigster bis sechsunddreißigster Monat	• insgesamt erfolgt Verbesserung und Weiterentwicklung des bisher Erlernten • Beginn des Fangens • einbeiniges Stehen ohne Festhalten • Rollen um die Längsachse

Abbildung 5: Tabellarische Darstellung der motorischen Entwicklung

in der frühen Kindheit

Aus der Abbildung wird ersichtlich, dass normalerweise die Grundlagen der motorischen Entwicklung der Kinder bis zum 18. Monat verlaufen und gerade nach dem 24. Monat oftmals das bis dato Angeeignete nur noch verfeinert wird.

3.2.3 Bedeutung der Bewegung für die kindliche Entwicklung

Ebenso wie die Wahrnehmung ist Bewegung wichtig für die Kinder, um Umwelterfahrungen zu sammeln und sich die Umwelt anzueignen (vgl. Herm 2006, S.20; Fischer 2009, S. 58; Zimmer 2012, S. 3; Zimmer 2014, S. 18/19). Selbständigkeit, Exploration und Neugier prägen die Auseinandersetzungen mit den verschiedensten Situationen durch Bewegung und Wahrnehmung und sorgen dafür, dass die Kinder dadurch Problemlösestrategien entwickeln können, die u.a. für ihre Persönlichkeitsentwicklung von großer Bedeutung sind (vgl. Zimmer 2012, S. 8; Beckmann 2005, S. 7). Ferner fördert Bewegung – wie auch die Wahrnehmung – die Synapsenbildung und stellt somit die Grundlage für die Selbständigkeitsentwicklung dar. Zudem hängt in der Kindheit das Selbstwertgefühl – was wie in Kapitel 2.5 beschrieben ein wichtiger Teil des Selbstkonzeptes ist – ganz stark vom motorischen Können der Kinder ab (vgl. Seeger 2011, S. 14; http://www.ifp.bayern.de/projekte/laufende/krombholz-bewegung1.html).

Der Zusammenhang zwischen Bewegung und Wahrnehmung und dem Selbstbewusstsein wird an folgendem Zitat recht deutlich:

"Ohne Bewegung und Sinneswahrnehmungen fehlt die Voraussetzung für jegliches Selbstbewusstsein. Für die Entwicklung [des] Kindes ist Bewegung also genauso wichtig wie Essen und Trinken." (http://www.aok.de)

Auch im Zusammenhang mit der Kommunikation spielt Bewegung eine wichtige Rolle. Da in der Krippe (und auch mitunter im Kindergarten) viele Kinder noch nicht bzw. schlecht sprechen können, ist Bewegung *"das entscheidende Mittel, um im vorsprachlichen Alter einen Dialog zwischen Kind und Umwelt in Gang zu setzen"* (Beckmann 2005, S. 3) und um zugleich *"natürliche Gefühlszustände"* (Fischer 2009, S. 57) wie z.B. Ärger, Angst, Freude oder Schmerz durch motorische Aktivitäten auszudrücken. (vgl. ebd.)

Werden diese Bewegungserfahrungen verwehrt oder nicht ermöglicht, hat dies negative Folgen für die ganzheitliche Entwicklung des Kindes. *"[...] Körperliches Wohlbefinden und Gesundheit, soziale Integration, Selbstsicherheit, Selbstvertrauen und geistige Erkenntnisgewinnung"* (Beckmann 2005, S. 8) werden u.a. dadurch beeinträchtigt. Von daher ist es umso wichtiger, dass den Kindern Primärerfahrungen statt Sekundärerfahrungen ermöglicht werden.

3.3 Die Relevanz von Psychomotorik für die praktische Arbeit

Wirft man einen Blick in die Handreichung zum Hessischen Bildungs- und Erziehungsplan, die sich explizit an alle Einrichtungen richtet, die mit Kindern im Krippenalter arbeiten, erkennt man, dass dort sechs Basiskompetenzen genannt werden, die als elementar für die kindliche Entwicklung angesehen werden (vgl. Handreichung zum hessischen Bildungs- und Erziehungsplan 2010, S. 7). Vergleicht man die in der Handreichung aufgezählten Kompetenzen – zu denen u.a. die sozialen Kompetenzen, die körperbezogenen Kompetenzen, die kognitiven Kompetenzen und das Selbstkonzept zählen (vgl. ebd., S. 2f.) – mit den in Kapitel 2.3 angeführten Inhalten der Psychomotorik, stellt man fest, dass diese fast identisch sind.

Wie ebenfalls in Kapitel 2.3 herausgearbeitet, werden die Kompetenzen durch vielfältige sensomotorische Erfahrungen gebildet, deren Bedeutung für die weitere Entwicklung eingehend von Piaget (1975) untersucht und belegt wurde (vgl. Fischer 2009, S. 133f., Herm 2006, S. 22). Die Ergebnisse dieser Untersuchungen führten dazu, dass die Altersspanne zwischen der Geburt und dem zweiten Lebensjahr auch als "sensomotorisches Stadium" oder "sensomotorische Periode" bezeichnet wird, da das Kind in dieser Phase nur über vielfältige Wahrnehmungs- und Bewegungserfahrungen Wissen über seine Umwelt erlangt (vgl. Fischer 2009, S. 133f.).

Die gemachten Erfahrungen sind die in Kapitel 3.2.3 erwähnten Primärerfahrungen, das heißt Erfahrungen aus erster Hand, die die *"intensivste Form der Aneignung von Erfahrung"* (Zimmer 2014, S. 23) darstellen. Aufgrund der veränderten Bewegungssozialisation machen Kinder heutzutage oftmals nur noch sekundäre statt primäre Erfahrungen.

Früher waren Bewegung und Kindheit eng miteinander verbunden, ganz egal ob auf dem Land oder in der Stadt. In ländlichen Gebieten gab es in der Regel mehr als genug natürlichen Bewegungsraum und die Kinder mussten entweder bei der landwirtschaftlichen Arbeit mithelfen oder wurden – da die Eltern dort arbeiten mussten – dorthin mitgenommen. Ähnlich war es bei Kindern in den Städten: Es gab weniger Verkehr, offene Grundstücke und freie Flächen in der Stadt luden zum Spielen und Erleben ein. Ganz ohne Überwachungsmöglichkeiten (z.B. Handy) konnten sich die Kinder frei bewegen (vgl. Wulff 2012, S. 11).

Nach Fischer (2009, S. 108ff.) und Zimmer (2014, S. 18ff.) sind mehrere Faktoren verantwortlich für die Veränderungen der

Bewegungssozialisation, gleichzeitig aber auch der Grund für die Relevanz von Psychomotorik in der Krippe. Die Mediatisierung und Technisierung sorgen dafür, dass Kinder sich die Welt oftmals nur noch über die bereits erwähnten Sekundärerfahrungen aneignen und die Primärerfahrungen auf der Strecke bleiben (vgl. Zimmer 2014, S. 25).

Die Abnahme der Selbsttätigkeit, die eine Folge dieser Form der Weltaneignung ist, wird heutzutage an alltäglichen Handlungen ersichtlich. Dies wird an einem Beispiel im nachfolgenden Zitat sehr gut dargestellt:

"Ein Kind, das Kuchen nur aus der Kühltruhe im Supermarkt kennt, wird um die sinnliche Erfahrung des Teigknetens, des Ausrollens, des Probierens und auch um den Duft des Backens gebracht. Ein ganzheitliches Wahrnehmen (fühlen, riechen, schmecken) der Entstehung bleibt ihm verwehrt.

Automatische Türen verhindern ein Erleben von Ursache und Wirkung, die Kinder erleben nicht mehr, etwas selbsttätig zu verursachen." (http://www.der-wuselgarten.de/sinn-volle-details.html)

Ähnliche Erfahrungen habe ich auch während meiner Arbeit in der Krippe machen können. Viele Eltern haben dort mit ihren Kindern für den Weg in den ersten Stock in der Regel den Aufzug statt der Treppe genutzt. Die Kinder dieser Eltern waren dadurch teilweise nicht in der Lage (mit ca. 2 Jahren) eine Treppe hoch- oder herunterzugehen.

Durch die daraus resultierende verminderte Selbsttätigkeit – die die Grundvoraussetzung dafür ist, damit Kinder einen Zugang zu der Welt, in der sie leben, bekommen – wird ersichtlich, dass die veränderte Bewegungssozialisation auch Einfluss auf die Gesundheit hat. Im Rahmen eines Projektes der Universität Rostock zur "evidenzbasierten Bewegungsförderung" wurde festgestellt, dass Bewegungsmangel als entscheidender Faktor für vielfältige Entwicklungsstörungen gilt (vgl. http://www.sopaed.uni-rostock.de/forschung/evidenzbasierte-bewegungsfoerderung-im-fruehen-kindergartenalter/publikationen-und-vortraege/). Zu einem vergleichbaren Ergebnis kommt auch die KIGGS-Studie, in der die gesundheitliche Lage der Kinder und Jugendlichen von 0 bis 18 Jahren untersucht wurde (vgl. Robert Koch-Institut 2008, S. 58f.). Ähnlich sehen das auch Fischer (2009, S. 98) und Wulff (2012, S. 12), die u.a. darauf verweisen, dass Bewegungsmangel zu *"psycho-emotionalen"* (Fischer 2009, S. 98) Problemen und zu einem negativen körperlichen und geistigen Wohlbefinden führen kann.

Ein weiterer Effekt, den die Technisierung nach sich zieht, ist der Verlust kindlicher Bewegungsräume. Freie Flächen auf denen

58

früher gespielt werden konnte, werden heute bebaut oder von Autos zugeparkt (vgl. Zimmer 2014, S. 24; Wulff 2012, S. 11). Als Konsequenz daraus resultiert die Verhäuslichung der Kindheit: Kinder spielen im geschützten Wohnbereich mit einem Überschuss an vorgefertigtem und von Technik geprägtem Spielzeug und haben gleichzeitig die Möglichkeit eine *"Vielzahl von elektronischen Medien"* (Zimmer 2014, S. 25) zu nutzen (vgl. ebd.; Fischer 2009, S. 111). Das Resultat ist auch hier eine Abnahme der Selbsttätigkeit. Vor allem der Umgang mit den elektronischen Medien sorgt dafür, dass die Kinder fast ausschließlich ihre körperfernen Sinne nutzen und somit das, was sie darüber wahrnehmen, nicht "be-greifen" können. Aufgrund dessen fehlen ihnen körpernahe Sinneserfahrungen, die u.a. wichtig dafür sind, dass ihre Wahrnehmungsverarbeitung richtig funktioniert und die die Grundlage für die motorische und kognitive Entwicklung sowie für Selbstbewusstsein und Selbständigkeit bilden (vgl. Zimmer 2014,S. 25f.; Pastuch 2012, S. 85; Breithecker 2002, S. 3/4).

Diese Problematik greift der hessische Bildungs- und Erziehungsplan auf, dessen Leitgedanken zur Förderung der kindlichen Entwicklung im Bereich "Bewegung und Sport" vollständig mit denen der Psychomotorik kongruieren, ohne dass das Wort Psychomotorik einmal genannt wird. Sie besagen, dass das Kind einen angeborenen Explorationsdrang hat, der nicht unterdrückt werden darf, da ansonsten *"kindliche Entwicklungsprozesse empfindlich"* (Hessischer Bildungs- und Erziehungsplan 2011,S. 62) gestört werden würden und dass Bewegung sowohl für das Wohlbefinden als auch für die Gesundheit unerlässlich ist (vgl. ebd.).

Im hessischen Bildungs- und Erziehungsplan sind dem Thema Bewegung und Sport zwei Seiten gewidmet (vgl. ebd., S. 62/63). Gemessen am Stellenwert, den dieser Bereich wie erörtert – gerade in der frühen Kindheit – innehat, erscheint das als ziemlich gering. Da jedoch schon im zweiten Kapitel dieser Arbeit analysiert wurde, dass Psychomotorik mehr als nur "Bewegung und Sport" beinhaltet, merkt man nach der Durchsicht des Hessischen Bildungs- und Erziehungsplans, dass sich psychomotorische Merkmale in allen Bildungsbereichen wiederfinden. Bestes Beispiel hierfür sind u.a. die Nennung der sinnlichen Wahrnehmung im Bereich "bildnerische und darstellende Kunst" (ebd. S. 71) oder die Bildungs- und Erziehungsziele im Bereich "Naturwissenschaften" (ebd. S. 78), die in der Psychomotorik vor allem durch Materialerfahrungen (vgl. Kapitel 2.3.2) erworben werden (können).

Zusammenfassend kann man sagen, dass die Psychomotorik nicht nur für die praktische Arbeit in der Krippenpädagogik relevant und deren Umsetzung notwendig ist, da – wie aufgezeigt – die heutige Kindheit oftmals durch einen Mangel an Bewegung und Wahrnehmung geprägt ist, sondern gleichermaßen auch für den Kindergartenbereich.

Welche Rahmenbedingungen man bei der Umsetzung in die Praxis beachten muss, verdeutliche ich im folgenden Kapitel.

4. Generelle Rahmenbedingungen für die Umsetzung in die Praxis

Nachdem in diesem Buch bislang begründet wurde, welche Relevanz die Psychomotorik für die praktische Arbeit in der Krippenpädagogik hat und welche Rolle die zentralen Vermittlungsmedien Wahrnehmung und Bewegung bei der Umsetzung einnehmen, werden im folgenden Kapitel Hinweise und Anregungen zur Umsetzung in die pädagogische Arbeit gegeben. Wie die nachfolgenden Zitate belegen, spielen die Rahmenbedingungen eine maßgebende Rolle bei der Umsetzung.

"Die Anregungen, die ein Kind durch seine Bezugspersonen und damit z.B. durch die Raumgestaltung, das bereitgestellte Material, die (Spiel-) Angebote [und] die Interaktion mit den erwachsenen Bezugspersonen erhält, sind entscheidend für die Entwicklung der motorischen [...] Fähigkeiten und Fertigkeiten." (Böcker 2011, S. 19)

"Der Erfolg von psychomotorischer Förderung ist abhängig von ganz bestimmten Rahmenbedingungen." (Zimmer 2008, S. 139)

4.1 Didaktische Prinzipien

Fischers Aussage, dass *"die Psychomotorik nie eine eigene Fachdidaktik entwickelt [hat]"* (Fischer 2009, S. 296) und ihre Umsetzung eher auf Prinzipien beruht, *"die den Rahmen für die inhaltliche Gestaltung der [Umsetzung] darstellen"* (ebd.) kann ich nach der Analyse der Literatur teilen, da auch Zimmer (2006, S. 65) nur von didaktischen Prinzipien spricht.

Ebenso ganzheitlich wie die Psychomotorik ist, so sind auch die ihr zugehörigen Prinzipien, da diese nicht nur zu einer bestimmten Thematik passen, sondern oftmals miteinander verknüpft sind. Beispielsweise zählt Zimmer (2006) verschiedene Maßnahmen zur Bildung eines positiven Selbstkonzepts auf, die einerseits als grundlegende didaktische Prinzipien gesehen werden können und andererseits eine Aufforderung an das Verhalten des Pädagogen sind, wie dieser sein soll, um den Kindern auf dem Weg zum positiven Selbstkonzept zu helfen (vgl. Zimmer 2006, S. 64f.). Einige der Prinzipien basieren auf dem pädagogischen Ansatz Emmi Piklers, der neben der Selbständigkeit des Kindes u.a. noch durch eine sichere Bindung sowie dem Pädagogen als Gestalter und Helfer gekennzeichnet ist (vgl. Lorber/Hanf 2011, S. 61).

Bevor ich im weiteren Verlauf die in der Literatur genannten Prinzipien erläutere, möchte ich Rainer Strätz zitieren, der meiner Ansicht nach einige der didaktischen Prinzipien der Psychomotorik sehr gut zusammengefasst hat:

"Was [Kinder] von uns erwarten sind einerseits Herausforderungen und Anregungen, andererseits Freiräume und die Fähigkeit uns herauszuhalten. Wenn wir die Balance halten und ihre Potenziale sehen und wertschätzen, haben wir gute Chancen das Wichtige richtig zu tun." (Strätz 2012, S. 55)

Bereits in Kapitel 2.5.1 wurde die mögliche Auswirkung zweier didaktischer Prinzipien – Freiwilligkeit und Entscheidungsfreiheit – dargestellt, ohne jedoch diese beiden zu nennen. Wie im besagten Kapitel erwähnt, geben sie den Kindern die Möglichkeit des "Ich kann" statt des "Ich muss" und bilden damit die Grundlage für die weiteren didaktischen Prinzipien.

Zu den grundlegenden didaktischen Prinzipien der Psychomotorik zählen auch Zeit und Raum. Dies bedeutet, dass man den Kindern Zeit zum Explorieren bzw. zum Kompetenzerwerb lassen und gleichzeitig Räume dafür schaffen soll. Dabei ist zu beachten, das Räume schaffen in diesem Zusammenhang nicht nur bedeutet

Räumlichkeiten anzubieten, sondern auch Gelegenheiten/Möglichkeiten zum Explorieren. Diese Prinzipien sollen den Kindern die Möglichkeit zur Selbständigkeit und Selbsttätigkeit bieten und dafür sorgen, dass die Kinder Raum für eigene Entscheidungen bekommen und auch deren Konsequenzen erleben. Die Angebote, die der Pädagoge den Kindern macht sollen zum einen ganzheitlich und zum anderen kindgemäß sein und sich zudem an der Lebenswelt der Kinder orientieren. Das bedeutet, dass die Angebote sowohl am Können und Interesse der Kinder ausgerichtet werden sollen, als auch daran, dass damit nicht nur ein spezieller Bereich der Persönlichkeit beansprucht wird sondern möglichst viele verschiedene. Wenn zum Beispiel gerade ein bestimmtes Thema bei den Kindern präsent ist, kann man sein Angebot thematisch ausrichten, wobei jedes Angebot auch Raum für die Ideen der Kinder berücksichtigen sollte, da diese sich dann selbst verwirklichen und das Angebot so zu "ihrem" Angebot machen können (Strätz 2012, S. 42f.; Zimmer 2006, S. 64f.; Lorber/Hanf 2011, S. 62f.).

4.2 Qualifikation und Aufgabe des Pädagogen

Die Qualifikation des Pädagogen ist ein wichtiges Kriterium, da die psychomotorische Erziehung darauf basiert, dass die Pädagogen wissen wie das Zusammenspiel der einzelnen Bereiche (z.b. Bewegung, Wahrnehmung, Emotionen) funktioniert und das deren Haltung *"geprägt ist von Vertrauen in die Fähigkeiten von Kindern und der Zuversicht, dass jedes Kind auch "Akteur seiner eigenen Entwicklung" ist."* (Herm 2006, S. 75)

Damit dies gewährleistet werden kann, sind regelmäßige Fortbildungen und/oder Zusatzqualifikationen (wie z.B. ein Trainerschein) in diesem Bereich unerlässlich.

Zudem sollten die Pädagogen neben dem Erwerb theoretischen Fachwissens auch dazu in der Lage sein, den Kindern das theoretische Wissen praktisch näherbringen zu können. Von daher sollten sie Spass und Interesse an der Thematik haben und auch selbst mitmachen können und *"nicht nur die distanzierte Beobachterin spielen, deren Aufgabe sich in der Aufsichtspflicht erschöpft."* (Zimmer 2006, S. 70)

Niemand verlangt durchtrainierte Profisportler, zumindest aber Leute, die *"authentische Vorbilder sind"* und *"selbst Freude am*

Sichbewegen haben." (Zimmer 2006, S. 70) Wichtig ist, dass der Pädagoge dem Kind seine eigenen Stärken bewusst macht, indem er ihm Wahrnehmungs- und Bewegungsmöglichkeiten anbietet, die es (alleine) bewältigen kann. Ein weiterer wichtiger Aspekt im Verhalten des Pädagogen ist es keine vorschnelle Hilfe zu leisten, sondern das Kind wissen zu lassen, dass es sich auf ihn verlassen kann und er da ist, wenn das Kind ihn braucht. Durch vorschnelle Hilfe bzw. vorschnelles Eingreifen werden dem Kind sowohl Erfahrungen (u.a. der Selbsttätigkeit und der Konsequenzen des eigenen Handelns) genommen, als auch das Gefühl gegeben, dass man ihm nichts zutraut (vgl. Zimmer 2006, S.65).

Die Rolle des Pädagogen im psychomotorischen Ansatz drückt meiner Ansicht nach folgendes Zitat von Maria Montessori sehr gut aus:

"Hilf mir, es selbst zu tun.

Zeige mir, wie es geht.

Tu es nicht für mich.

Ich kann und will es allein tun.

Hab Geduld meine Wege zu begreifen.

Sie sind vielleicht länger, vielleicht brauche

ich mehr Zeit, weil ich mehrere Versuche

machen will.

Mute mir Fehler und Anstrengung zu

denn daraus kann ich lernen."

(http://montessori-bamberg.de/padagogik/montessori-zitate/)

4.3 Räumliche Voraussetzungen

Nicht nur im Rahmen der Reggio-Pädagogik, sondern auch im Rahmen der Psychomotorik stellt der Raum einen elementaren Teil des Konzeptes dar, da er die Kinder u.a. zu vielfältigen sensomotorischen Erfahrungen anregen soll und sich die Kinder zudem in ihm wohlfühlen sollen (vgl. Zimmer 2006, S. 70/71; Herm 2006, S. 76/77; Zeiß 2011, 76-79).

4.3.1 Innen

Da es die unterschiedlichsten räumlichen Voraussetzungen in Krippen gibt, ist es nicht sinnvoll exakte Vorgaben zu machen, die zwangsweise einzuhalten sind. Basierend auf dem Hintergrundwissen aus den vorangegangenen Kapiteln, gibt es aber ein paar grundlegende Punkte, die bei der Raumgestaltung beachtet werden sollten.

Grundsätzlich sollten die Räume, wenn möglich, *"ausreichend Platz und Gelegenheit für großräumige Aktivitäten und Bewegungsspiele bieten."* (Zimmer 2006, S.70) Einige Krippen haben dafür einen Bewegungsraum, manche haben sogar optimalerweise noch einen Geräteraum dazu. Einrichtungen die nicht über die entsprechenden Räumlichkeiten verfügen, können statt einem zusätzlichen Geräteraum auch einen Geräteschrank im Bewegungsraum aufstellen. Krippen, die weder einen Bewegungs- noch einen Geräteraum haben, sollten ihre Räume so konzipieren, dass sie ohne längeren und größeren Aufwand auch entsprechenden Platz schaffen können.

Zum Beispiel können die Matratzen der Kuschelecke auch für Bewegungsspiele verwendet werden und statt einem normalen Hocker kann auch ein kleiner Turnkasten genutzt werden, den man vielseitig verwenden kann.

In der Literatur werden zur variablen und platzoptimierenden Raumnutzung u.a. folgende Sachen vorgeschlagen:

- ein Podest bzw. eine Hochebene
- verschiedene Untergründe (Holz, Teppich, etc.)
- Stufen (z.B. am Podest zum Treppensteigen, Klettern und Springen)
- schräge Ebenen (Brett am Podest zum Krabbeln, Gehen, etc.)

- freie Flächen mit Platz zum Bewegen
- Möglichkeiten zum Verstecken (dunkle Ecken, Kartons, Vorhänge) und gut ausgeleuchtete Bereiche, die z.b. zum Verweilen einladen (zusätzliche Beleuchtung durch Wandlampen, Deckenfluter, etc.)
- Deckenschienen
- Haken und Trägerleisten an Wänden und Decken
- Handläufe und Haltestangen
- Hängematten, Hängekörbe und Strickleitern

(vgl. Böcker 2011, S. 21; Zeiß 2011, S. 77/78; Zimmer 2006, S. 70/71 + 96;

http://www.ifp.bayern.de/projekte/laufende/krombholz-bewegung1.html)

An den Haken und Deckenschienen können z.B. *"Seile zum Klettern, Ringe zum Schaukeln und Schwingen oder ein Trapez befestigt werden."* (Zimmer 2006, S. 70) Der Vorteil dieser Installationen im Raum liegt darin, dass man die Sachen nach Belieben auf- und abhängen und auch immer wieder neu gestalten kann. So sind sie einerseits nicht immer präsent und andererseits wird den Kindern die Möglichkeit gegeben, ständig Neues zu entdecken. Aus eigener Praxiserfahrung kann ich das Aufhängen einer Discokugel bzw. von CD's (3-4 Stück, die an einer Schnur befestigt sind) in der Nähe eines Fensters mit Sonneneinstrahlung empfehlen, da die verschiedenen Spiegelungen und Reflektierungen sehr reizvoll für die kindliche Wahrnehmung sind und die Kinder auch zur Bewegung animieren (z.B. "Schatten bzw. Reflektion fangen").

Beachten sollte man aber auch, dass psychomotorische Arbeit nicht nur im Bewegungsraum stattfinden kann und soll, sondern dass fast alle Orte Möglichkeiten Optionen dafür bieten.

Treppen laden beispielsweise zum Springen und Klettern ein oder bieten die Möglichkeit für die Installation einer (kleinen) Rutsche. Normale Wände können so gestaltet werden, dass sie zum Spielen und Klettern einladen (z.B. durch "Boulder" oder Zeichnungen/Motive). Der Boden des Flurs kann z.B. durch farbliche Markierungen/Zeichnungen zum Springen, Hüpfen, Krabbeln oder durch die Verwendung unterschiedlicher Materialien (Teppich, Fliesen, Parkett, PVC) zum Wahrnehmen, Bewegen und Entdecken einladen (vgl. Zimmer 2006, S. 70/71; Zimmer 2008, S. 145-147).

4.3.2 Außen

Ebenso wie für die inneren Räumlichkeiten ist es auch für das hoffentlich vorhandene Außengelände nicht sinnvoll exakte Vorgaben zu machen, gleichwohl wird in der Literatur dazu geraten naturnah ausgerichtete Räume zu konzipieren, da diese *"in [ihrer] Vielfalt sinnlich anregend"* (Seeger/Seeger 2011, S. 13) sind und zur ganzheitlichen Bewegung animieren (vgl. ebd.). Doch neben ausreichendem Platz zum Bewegen und Toben sind auch Räume bzw. Rückzugsmöglichkeiten wichtig, wo man sich etwas zurückziehen, ausruhen und "auftanken" kann (vgl. Fischer/Seeger 2012, S. 250).

Viele Möglichkeiten, die unter Punkt 4.3 für die inneren Räume genannt wurden, können auch draußen umgesetzt werden (vgl. dazu: Herm 2006, S. 77; Seeger/Seeger 2011, S. 12/13; Fischer/Seeger 2012, S. 249ff.).

"Erdhügel mit Rutschbahn und Kriechtunnel, Aufschüttungen, Mulden und Gräben machen [das Außengelände] zu einer Bewegungslandschaft [...]." (Zimmer 2006, S. 72)

Bäume oder Geräte die zum Schaukeln und Klettern einladen und verschiedene Untergründe (z.B.: Steine, Gras, Sand, Erde, Wasser) können in Form eines "Fühlpfades der Sinne" im Außengelände integriert werden, so dass das komplette

Außengelände *"viele Herausforderungen enthält und dazu auffordert, sich mit allen Sinnen zu betätigen."* (ebd.)

Laut Renate Zimmer ist *"ein kindgerechtes Außengelände niemals fertig."* (ebd.)

4.4 Geräte- und Materialausstattung

Zwar bedeutet das Vorhandensein eines Pedalos allein noch keine psychomotorische Erziehung für die Kinder, nichts desto trotz regen *"Geräte und Materialien [...] zur Bewegung an, fordern zum Spielen heraus, wecken die Fantasie"* (Zimmer 2006, S. 72) und erfüllen so einige der psychomotorischen Grundgedanken.

Ebenso wie die Raumgestaltung, sollen Geräte und Materialien in der psychomotorischen Arbeit den Kindern vielfältige sensomotorische Erfahrungen ermöglichen, die sie vor allem durch spielerisches Ausprobieren kennenlernen sollen.

Auch hier ist es schwer "Muss-Vorgaben" zu machen, da man sogar sehr viele Alltagsmaterialien im Sinne der Psychomotorik verwenden kann (vgl. Bodenburg 2011, S. 212; Zeiß 2011, S. 82; Beins 2012, S. 286ff.) bzw. mit denen man das (weite) thematische Feld der Psychomotorik in der Krippe angehen kann. Neben den Alltagsmaterialien oder Geräten und Materialien aus dem Sportbereich, gibt es aber auch spezifisches Material wie zum Beispiel das Pikler-Dreieck, die Bogenleiter oder die Hühnerleiter (vgl. http://holzspielgeraete.basisgemeinde.de/spiel-und-bewegung). In der Fachliteratur werden unter anderem folgende Geräte und Materialien zur Anwendung in der psychomotorischen Arbeit der Einrichtungen empfohlen:

- Großgeräte (z.B. Kästen, Matten, Bänke, Sprossenwand)
- Kleingeräte (z.B. Reifen, verschiedene Bälle, Seile, Stäbe, Tücher, Schaumstoffelemente, Lichtkugel)
- psychomotorische Geräte (z.B. Rollbretter, Pedalos, Teppichfliesen, Wackelbretter)
- Alltagsmaterialien (z.B. Zeitungen, Flaschen, Becher, Kartons, Bierdeckel, Deckel, CD's, Luftballons)
- Roll- und Fahrgeräte (z.B. Roller, Bobby-Cars, Laufräder, Dreiräder)

- Bauelemente aus Gebrauchsmaterialien (z.B. Autoreifen, Fahrradmäntel, stabile Getränkekisten, Plastik- und Drainagenrohre)

(vgl. Zimmer 2006, S.73; Zimmer 2008, S. 148; Melchert 2011, S. 7; Böcker 2011, S. 21)

Die Tatsache, dass es schier unerschöpfliche Geräte- und Materialmöglichkeiten gibt, birgt natürlich gleichzeitig die Gefahr, dass die Kinder dadurch überfordert werden können und ihre Fantasie erdrückt wird (vgl. Zimmer 2006, S. 73).

Von daher sollte der Grundsatz *"Weniger ist mehr"* (Böcker 2011, S. 22) in diesem Zusammenhang immer beachtet werden.

Indem der Pädagoge z.b. das Material immer wieder austauscht und nicht immer alles zur gleichen Zeit zur Verfügung stellt, kann er dafür Sorge tragen, dass die Kinder spielerisch erfahren können, wie man mit den Sachen umgeht, was man alles damit machen kann und welche Eigenschaften die Sachen besitzen (vgl. Zimmer 2006, S. 72/73).

Anhand der in Kapitel 3.2.2 erläuterten motorischen Entwicklung von 0-3 jährigen Kindern kann sich der Pädagoge daran orientieren, wann welches Material sinnvoll ist.

4.5 Sicherheit

"Fallen lernt man erst durch fallen." (Herm 2006, S. 156)

Dieses Zitat fasst relativ deutlich die in der Literatur vorherrschende Sichtweise bezüglich des Sicherheitsgedankens in der pädagogischen Arbeit mit Kindern bzw. in der psychomotorischen Arbeit zusammen, da es im Kern zum Lernen durch Explorieren ermutigt. Es ist auch ein wichtiger Bestandteil der Entwicklung des Selbstkonzeptes, da die Kinder dadurch Vertrauen in ihr Tun bekommen (können).

Natürlich möchte niemand, dass sich Kinder verletzen bzw. der Blick auf die Sicherheit ad acta gelegt wird, jedoch kann man die Kinder nicht die Möglichkeit *"zum Abwägen riskanten Verhaltens"* (Herm 2006, S. 156) erfahren lassen, *"wenn alle eventuellen Gefahrenquellen stets von vornherein weggeräumt werden."* (Herm 2006, S. 156)

(vgl. Kommunale Unfallversicherung Bayern/Bayerische Landesunfallkasse 2013)

Gleiches gilt (im übertragenen Sinne) auch für die "Sicherheits-Kommentierung" durch die Pädagogen.

- *"Fall nicht hin! Stolpere nicht!"*
- *"Du wirst gleich stürzen!"*
- *"Pass auf, das geht nicht gut!"*
- *"Du wirst dir weh tun!"*
- *"Das kann nur schiefgehen!"*

(Kommunale Unfallversicherung Bayern/Bayerische Landesunfallkasse 2013, S. 11)

Solche bzw. ähnliche Aussagen sind zwar gut gemeint, doch bewirken sie in der Regel genau das Gegenteil: Angst, mangelhaftes Kompetenzgefühl und daraus resultierende Bewegungsunlust können die Folgen davon sein (vgl. ebd., S. 11). Stattdessen ist es besser, diese Aussagen dem Lob hinzuzufügen, das Ganze also positiv zu formulieren: „Sehr gut gemacht, ganz ohne zu stolpern."

Der Pädagoge soll ein Auge dafür entwickeln, mögliche Gefahren zu erkennen und zu minimieren. Dies könnte z.B. folgende Punkte betreffen:

- Geräte und Material auf Ganzheit und Funktionalität überprüfen (z.B.: Sind alle Schrauben am Gerät fest? Hat das Gerät Risse o.ä.?)
- Rutschfeste Matten zum Sichern bei (hohen) Kletter-/Bewegungs-/Sprungangeboten auslegen
- Im Blick haben, ob die Kleidung Gefahren birgt (z.B. bevor ein Kind nur mit Strümpfen über Parkettboden rennen mag, dem Kind rutschfeste Schuhe/Strümpfe anziehen oder es barfuss laufen lassen; schauen, ob die Kleidung zu lang/zu weit ist, so dass das Kind drauftreten oder drüberstolpern kann)
- Anbieten von Hilfe bzw. Hilfestellungen

(vgl. http://www.ifp.bayern.de/projekte/laufende/krombholz-bewegung1.html; Herm 2006)

5. Von der Theorie zur Praxis: Die Bewegungslandschaft als Möglichkeit psychomotorischer Förderung in der Krippe

5.1 Grundlagen

Bislang wurde das Thema Psychomotorik für die Krippenpädagogik eher theoretisch und semi-theoretisch vorgestellt. Deshalb zeige ich nun anhand von mehreren Beispielen des Aufbaus einer Bewegungslandschaft die Möglichkeit psychomotorischer Förderung in der Krippe auf.

5.2 Was ist eine Bewegungslandschaft?

Bevor ich auf die Frage eingehe, warum ich die Bewegungslandschaft für das Praxisbeispiel ausgesucht habe, erläutere ich kurz, was man unter einer Bewegungslandschaft versteht.

"Bewegungslandschaften sind Arrangements von Geräten, die unter einem inhaltlichen Schwerpunkt oder einer Spielidee entstehen. Die Aufbauten und Kombinationen von Großgeräten und Materialien (Bsp. siehe Kapitel 4.4) werden zu einer Landschaft zusammengeführt, in der sich die Kinder frei bewegen."
(Zimmer, 2011, S. 44)

Eine ähnliche Definition verwendet Fischer (2009, S. 270f.) in seinem Buch, wobei er sowohl einen möglichen Schwerpunkt als auch eine Einbindung in ein bestimmtes Thema als Option nennt, nicht aber – wie Zimmer – als Voraussetzung. Er regt eher dazu an, diese Formen zu nutzen, wenn die Kinder das Angebot nicht nutzen, um sie so eher zur Aktivität zu motivieren (vgl. ebd.).

Die Bewegungslandschaft stellt ein Bewegungsangebot dar, welches eine Problemstellung beinhaltet (z.B.: eine Bank zum Balancieren, eine gebogene Matte zum Klettern und Springen).

Die Kinder können so durch vielfältige Wahrnehmungs- und Bewegungserfahrungen verschiedene Lösungsformen für die Problemstellung finden. Durch Zeit und Raum zum Explorieren, können sie die in Kapitel 2.3 aufgezeigten Kompetenzen erwerben (vgl. Zimmer 2006, S. 32; Strätz 2012, S. 42f.).

5.3 Begründung der Auswahl als Praxisbeispiel

Die Auswahl der Bewegungslandschaft als Möglichkeit psychomotorischer Förderung erfolgte hauptsächlich durch die positiven Erfahrungen die ich damit in der Praxis machen konnte. Dadurch, dass es – so gesehen – keine zwangsläufigen Vorgaben bei der Bewegungslandschaft gibt und man sehr viel Material zur Auswahl hat, bietet dieses Angebot eine Vielzahl an Möglichkeiten zur Kreativität und zur Selbsttätigkeit der Kinder. Die Kinder können bei der Bewegungslandschaft selbst auswählen, was sie machen möchten und bestimmen folglich selbst, was sie derzeit als Herausforderung ansehen (vgl. Zimmer

2011, S. 45; Fischer 2009, S. 270). Somit ist die Bewegungslandschaft wie geschaffen für eine breite Alters- und Entwicklungsspanne (vgl. Zimmer 2011, S. 45).

Je öfter man eine Bewegungslandschaft aufgebaut hat, desto mehr wollen und können die Kinder auch beim Aufbau mithelfen, was zur Folge hat, dass sie sich direkt bewegen können und sich mit "ihrer" Bewegungslandschaft identifizieren können.

Das folgende Zitat fasst die Begründung für die Auswahl der Bewegungslandschaft als sehr gutes Beispiel psychomotorischer Förderung zusammen:

"Die Bewegungs-[landschaft] ist aus psychomotorischer Sicht eine ideale Möglichkeit für das Kind, Bewegungssituationen altersgemäß wahrzunehmen und über die handelnde Auseinandersetzung sowohl mit den [Materialien] als auch mit den anderen Kindern Ich-, Sach-, Sozialkompetenz zu erwerben und somit seine Handlungskompetenz in allen Dimensionen der Entwicklung zu erweitern." (Fischer 2009, S. 270)

Erinnert man sich an Kapitel 2, so stellt man nach dem Lesen des Zitates fest, dass die Bewegungslandschaft sowohl alle Inhalte der Psychomotorik vereint, als auch das Ziel der Psychomotorik durch die Möglichkeit der Selbsttätigkeit ein positives Selbstbild zu erlangen. Zudem betont Renate Zimmer (2006, S. 80), dass die Bewegungslandschaft die Einheit von Bewegung und

Wahrnehmung hervorhebt, die wiederum – wie im Buch dargelegt – die Grundlage der psychomotorischen Arbeit bildet.

Das Ziel der Bewegungslandschaft ist die Ermöglichung von *"großmotorischen Bewegungserfahrungen, wie zum Beispiel"* dem gezielten Krafteinsatz, Hindernisüberwindungen, *"schaukeln, klettern und rutschen."* (Fischer 2009, S. 269) (vgl. Herm 2006, S. 163)

Eine ganz wichtige Rolle bei der Bewegungslandschaft spielt der Pädagoge. Die im Kapitel 4.2 vorgestellten Grundlagen zur Qualifikation und Rolle des Pädagogen werden dadurch ergänzt, dass dieser bei diesem Angebot als Betreuer, Begleiter, und Helfer agiert und nicht z.B. als Trainer (vgl. Zimmer 2006, S. 81). Zudem obliegt es ihm, das Tun der Kinder zu verbalisieren und ihnen so zu verdeutlichen was sie geschafft haben (z.B.: "Du bist ja ganz hoch geklettert"). Laut Fischer ist das Entscheidende *"für den Erfolg einer Erfahrungssituation in einer Bewegungslandschaft [...] die methodische Erfahrung des Pädagogen, der gezielt eingreift oder im richtigen Augenblick Zurückhaltung übt."* (Fischer 2009, S. 271/272)

5.4 Wie kann eine Bewegungslandschaft in der Praxis aussehen?

Wie Bewegungslandschaften in der Praxis aufgebaut aussehen können, möchte ich an von mir (und den Kindern) in meiner ehemaligen Krippe aufgebauten Bewegungslandschaften zeigen. Da es – wie geschildert – schier unbegrenzte Gestaltungsmöglichkeiten der Bewegungslandschaft gibt, habe ich mich dazu entschieden nicht nur einen bestimmten Aufbau vorzustellen, sondern mehrere Aufbaumöglichkeiten zu verschiedenen optionalen Schwerpunkten.

Möglichkeit 1: Der Einstieg

Aufbau:

Abbildung 6

Abbildung 7

Material: 1 Weichbodenmatte, 3 Turnmatten mit rutschfestem Boden, 6 weiche Matratzen, diverse Schaumstoffelemente

Planung/Intention/Worauf muss ich achten: Dieser Aufbau eignet sich sowohl für Pädagogen, als auch für Kinder, die so etwas noch nie gemacht haben sehr gut zum Einstieg in die Thematik. Wie auf Abbildung 6 zu sehen, wird die Weichbodenmatte (blau) bündig an zwei Wände geschoben, damit dort keine Kinder hinunterfallen können. Danach werden entlang einer Wand zwei Dreierreihen mit den Matratzen hingelegt, so dass alle 6 Matratzen verbaut sind. Diese Matratzen werden nun von zwei der drei roten Turnmatten zwischen ihnen und der Wand eingeklemmt, damit sie nicht wegrutschen können. Am Ende der Mattenreihe liegt eine rote Turnmatte quer, damit die Matten nicht nach vorne verrutschen können. Auf den drei Mattenreihen sind in wechselnden Abständen diverse Schaumstoffelemente platziert, mit denen die Kinder selbständig Dinge wie z.B. klettern, krabbeln, kriechen oder hüpfen ausprobieren und zugleich unterschiedliche Wahrnehmungserfahrungen (z.B.: Materialien, Koordination) machen können. Auf Abbildung 7 kann man erkennen, wie die Kinder den Aufbau zu ihrem Aufbau machen, indem sie beginnen die Elemente nach ihren Wünschen umzugestalten.

Möglichkeit 2: Balancieren

Aufbau:

Abbildung 8

Material: 2 Weichbodenmatten, 2 Turnmatten mit rutschfestem Boden, 4 Matratzen, 1 Bank, diverse Schaumstoffelemente

Planung/Intention/Worauf muss ich achten: Links und rechts wird jeweils eine Turnmatte mit rutschfestem Boden zwischen einer Weichbodenmatte und der Wand (oder einem anderen schweren bzw. nicht wegrutschenden Gegenstand) platziert, so dass die Weibodenmatte (und auch der Mittelteil) nicht verrutschen können. Im Mittelteil verbindet eine mittig stehende Bank die beiden Weichbodenmatten. Links und rechts von der Bank liegen die 4 Matratzen, damit die Kinder nicht auf den harten Boden fallen (Abbildung 8). Hier können die Kinder auf die Weichböden klettern und dort z.B. drüber laufen, krabbeln, kriechen. Um auf die andere Seite zu kommen können sie entweder über die Bank balancieren oder einfach über die Matratzen auf dem Boden dorthin gelangen. Wenn die Kinder von beiden Seiten gleichzeitig auf die Bank gehen, muss der Pädagoge darauf achten, dass kein Kind ein anderes runterschubst.

Variationsmöglichkeiten: Dieser Aufbau – bei dem der Schwerpunkt auf dem Balancieren bzw. dem Gleichgewicht liegt – bietet viele Variationsmöglichkeiten. Man kann z.B. die auf dem

Boden liegenden Turnmatten zwischen der Wand und einem Weichboden so einklemmen, dass die Matte einen Tunnel bildet unter dem die Kinder durchlaufen oder mit einem Fahrzeug (z.B. Bobby-Car) durchfahren können (Abbildung 9). Zudem kann die Bank im Mittelteil durch diverse Schaumstoffelemente ersetzt und so der Herausforderungsgrad erhöht werden, da diese Elemente u.a. wackliger und instabiler sind, als die bisher genutzte Holzbank (Abbildung 10).

Abbildung 9

Abbildung 10

Möglichkeit 3: Klettern und Springen

Aufbau:

Abbildung 11

Material: 3 Weichbodenmatten, 3 Turnmatten mit rutschfestem Boden, evtl. Schaumstoffelemente

Planung/Intention/Worauf muss ich achten: Zwei Weichbodenmatten werden übereinandergelegt und bündig an zwei Wänden platziert, damit keine Kinder hinunterfallen können. Davor wird die dritte Weichbodenmatte gelegt. Die rutschfesten Matten werden rund um die freien Seiten der Weichböden gelegt, damit die Kinder sich nicht verletzen, falls sie herunterfallen. Ein Schaumstoffelement kann als Treppe neben die beiden aufeinanderliegenden Weichböden gelegt werden, damit die Kinder direkt von den Turnmatten auf die Weichböden klettern können (Abbildung 11). Zum Thema "Springen und Klettern" kann dieser Aufbau einen simplen Einstieg bieten. Nachdem die Kinder entweder über die einzelne Weichbodenmatte oder direkt auf die beiden Weichböden geklettert sind, können die Kinder z.B. von den beiden aufeinanderliegenden Matten auf die einzelne Weichbodenmatte springen, klettern oder sich fallen lassen.

Die Fachkraft muss hier vor allem darauf achten, dass kein Kind auf ein anderes Kind drauf springt oder ein Kind ein anderes von oben hinunter stößt.

Variationsmöglichkeiten: Gerade für die älteren Kinder stellt dieser simple Aufbau bald keine Herausforderung mehr da. Eine erste Variationsmöglichkeit wäre es, zunächst die einzelne Weichbodenmatte von den anderen beiden Matten wegzuschieben. Danach wird zwischen die beiden Matten eine rutschfeste Turnmatte so hingestellt, dass sie eine Bogenform annimmt. Der Hohlraum dieser Bogenform wird nun mit Schaumstoffelementen gefüllt, so dass die Kinder auf die gebogene Matte klettern können und diese - dank der darunterliegenden Schaumstoffelemente - sehr stabil ist. Zwischen die rutschfeste Turnmatte am äußeren Rand und der gebogenen Matte mit den darunterliegenden Schaumstoffelementen wird der freie Platz auch mit diversen Schaumstoffelementen gefüllt, so dass die Kinder, die nicht auf den Bogen klettern und von dort hinunter springen möchten über die Elemente laufen, kriechen oder krabbeln können (siehe Abbildungen 12 und 13).

Abbildung 12

Abbildung 13

6. Schlusswort

Ich denke, dass ich mit diesem Buch die in der Einleitung gestellte Frage beantworten konnte, warum Psychomotorik in der Krippenpädagogik notwendig ist und wie man die Psychomotorik in der praktischen Arbeit umsetzen kann.

Auf Basis des zugrundeliegenden Bildes vom Kind, welches von Natur aus ein Bewegungswesen ist, das sich seine Welt aktiv und ganzheitlich über Wahrnehmung und Bewegung erschließt und daraus seine Erkenntnisse gewinnt, habe ich zunächst die Frage beantwortet, was Psychomotorik ist. Basierend auf diesem theoretischen Grundlagenwissen habe ich danach die zentralen Vermittlungsmedien Wahrnehmung und Bewegung jeweils ausführlich erörtert, ihre Bedeutung für die kindliche Entwicklung herausgearbeitet und die Relevanz der Psychomotorik für die praktische Arbeit begründet. Dabei habe ich deutlich gemacht, dass insbesondere Primärerfahrungen durch Wahrnehmung und Bewegung einen zentralen Baustein auf dem Weg zum Ziel der Persönlichkeitsentwicklung bzw. zu einem positiven Selbstkonzept bilden. Durch Anregungen und Hinweise zu den grundlegenden Rahmenbedingungen der psychomotorischen Arbeit habe ich eine Antwort auf die in der

Einleitung gestellte Frage, worauf man bei der Umsetzung in die Praxis achten muss, gegeben. Die im Praxisteil dieser Arbeit vorgestellten und krippenerprobten Bewegungslandschaften geben einen Einblick, wie man das Thema Psychomotorik in der Krippe angehen kann und runden das Buch ab.

Da das Thema Psychomotorik so mannigfaltig und der Umfang des Buchs begrenzt ist, konnte ich nicht jeden zugehörigen Bereich in diesem Buch berücksichtigen. Hier seien stellvertretend der Bereich der Ruhe und Entspannung sowie der Zusammenhang von Bewegung und Sprache genannt.

Was mich im Verlauf der detaillierten Auseinadersetzung mit dem Thema Psychomotorik überrascht hat, war die Tatsache, wie sich mein pädagogisches Verhalten verändert hat. Mit zunehmendem Wissen habe ich die Grundlagen und Zusammenhänge immer besser verstanden und verinnerlicht.

Ganz deutlich wurde mir dies am Satz "Mathias, schau mal was ich schon kann!", den man in der Praxis oft hört. Er drückt viele Aspekte der Psychomotorik aus, die ich in diesem Buch dargelegt habe. "Schau mal, was ich schon kann!" kann man auch folgenderweise formulieren: "Nimm wahr, was für Erfahrungen ich (durch Motorik) schon (selbst) gesammelt habe (und stolz darauf bin) und dir deshalb zeigen mag!" In dieser Form kann man den Satz noch besser auf die Psychomotorik beziehen, weil darin

Wahrnehmung, Bewegung, Selbsttätigkeit in Form von Primärerfahrung und ein positives Selbstbild (Selbstvertrauen) ersichtlich werden und diese – wie man nach dem Lesen des Buches weiß – zu den elementaren Bestandteilen der Psychomotorik zählen. Gleichzeitig verdeutlicht er meiner Meinung nach aber auch, dass Psychomotorik nicht nur auf Sport und Bewegung reduziert werden kann und darf, sondern dass – ebenfalls wie u.a. in Kapitel 3 dargelegt – Psychomotorik in zahlreichen Bereichen des Lebens zu finden ist. Jedoch muss der Pädagoge für diese Erkenntnis wissen, dass das Handeln des Menschen immer ganzheitlich erfolgt und infolgedessen jede Beanspruchung eines Bereichs seiner Persönlichkeit immer auch Einfluss auf einen anderen Bereich hat. Somit ist das Wissen um die Zusammenhänge in der Psychomotorik der Schlüssel, um diese zu erkennen und umsetzen zu können. Denn nur wer weiß, wie etwas funktioniert, kann seine Arbeit richtig machen.

Die grundlegende Fragestellung des Buches sowie die Erfahrungen aus der empirisch-quantitativen erziehungswissenschaftlichen Sozialforschung, ließen bei mir die Frage aufkommen, ob man anhand einer empirischen Arbeit analysieren kann, welche Rolle das Thema Psychomotorik im Krippenbereich einnimmt und welches Wissen die Fachkräfte diesbezüglich besitzen.

Abschließend kann ich sagen, dass ich während des Schreibens des Buches festgestellt habe, dass das Thema wesentlich vielfältiger und facettenreicher ist, als ich zu Beginn gedacht habe. Ebenso abwechslungsreich wie die Thematik ist auch die Umsetzung in die Praxis. Es gibt nicht nur einen Ansatz, ein Konzept oder eine Möglichkeit zur Umsetzung, sondern zahlreiche Möglichkeiten, Ansätze und Konzepte, die man variieren und kombinieren kann bzw. muss, da die Rahmenbedingungen in den Einrichtungen ebenfalls ziemlich unterschiedlich sind. Dabei ist es aber wichtig, stets das Kind im Mittelpunkt der Arbeit zu sehen, es nach seinen Interessen Primärerfahrungen durch Wahrnehmung und Bewegung sammeln zu lassen und ihm sowohl Zeit als auch Raum dafür zu geben. Zudem ist es wichtig, dass der Pädagoge seine Rolle als Helfer annimmt, das Kind in seiner Selbsttätigkeit unterstützt und es somit auf dem Weg seiner Persönlichkeitsentwicklung begleitet.

Quellenverzeichnis

- Ayres, Anna Jean: Bausteine der kindlichen Entwicklung, Springer Verlag, Berlin 1998

- Beckmann, Ulrich: Praktischer Ratgeber zur Bewegungserziehung im Kleinkind- und Vorschulalter, Sportjugend NRW, Duisburg 2005 (4. Auflage)

- Beebe, Beatrice/Lachmann, Frank: Säuglingsforschung und die Psychotherapie Erwachsener: wie interaktive Prozesse entstehen und zu Veränderungen führen, Klett-Cotta 2004, S. 93

- Beins, Hans-Jürgen: Psychomotorik mit Alltagsmaterialien. In: Hunger, Ina/Zimmer, Prof. Dr. Renate: Frühe Kindheit in Bewegung: Entwicklungspotenziale nutzen, Hofmann Verlag 2012, S. 286 - 290

- Bergmann, Brigitte: Bewegung von Anfang an: Bewegungsförderung unter 3-jähriger, Cornelsen Scriptor Verlag, Berlin 2008

- Bodenburg, Inga: Sensorische Anregungen und Lernen in der Kleinstkindergruppe. In: Neuß, Prof. Dr. Norbert (Hrsg.): Grundwissen Krippenpädagogik: Ein Lehr- und Arbeitsbuch, Cornelsen Verlag, Berlin 2011, S. 205 - 215

- Böcker, Nicola: Bewegungsentwicklung & Sprache bei Kindern von 0-3 Jahren, DJI 2011
- Breithecker, Dieter: Bewegung braucht das Kind... damit es sich gesund entwickeln und wohlfühlen kann. In: Wehrfritz Wissenschaftlicher Dienst, 2002, Ausgabe 76, S. 3-4
- Eggert, Dietrich: Theorie und Praxis der psychomotorischen Förderung, Verlag Modernes Lernen, Dortmund, 1995 (2. Aufl.)
- Fischer, Klaus: Einführung in die Psychomotorik, Ernst Reinhardt Verlag, München 2009 (3. Auflage)
- Fischer, Klaus/Seeger, Roland: Räume sind die Landschaft der Seele - Naturnaher Spielraum für Kinder unter drei Jahren. In: Hunger, Ina/Zimmer, Prof. Dr. Renate: Frühe Kindheit in Bewegung: Entwicklungspotenziale nutzen, Hofmann Verlag 2012, S. 249 - 259
- Haug-Schnabel, Gabriele (Hrsg.): Raum braucht das Kind: anregende Lebenswelten für Krippe und Kindergarten, Verlag Das Netz, Weimar 2012
- Herm, Sabine: Psychomotorische Spiele für Kinder in Krippen und Kindergärten, Beltz Verlag, 2006, (12. Auflage)

- Hessisches Sozialministerium: Kinder in den ersten drei Lebensjahren - Was können sie, was brauchen sie?: Eine Handreichung zum Hessischen Bildungs- und Erziehungsplan für Kinder von 0-10 Jahren, Wiesbaden 2010
- Hessisches Sozialministerium/Hessisches Kultusministerium: Bildung von Anfang an: Bildungs- und Erziehungsplan für Kinder von 0-10 Jahren, Wiesbaden 2011 (3. Auflage)
- Hunger, Ina/Zimmer, Prof. Dr. Renate: Frühe Kindheit in Bewegung: Entwicklungspotenziale nutzen, Hofmann Verlag 2012
- Kommunale Unfallversicherung Bayern/Bayerische Landesunfallkasse: Kinder unter drei Jahren sicher bilden und betreuen: Pädagogische und sicherheitstechnische Informationen für Kindertageseinrichtungen, München 2013
- Lohmann, Susanne/Klein, Margarita/Salis, Bettina: Die körperliche und seelische Entwicklung des Kindes im ersten Lebensjahr. In: Deutscher Hebammenverband: Das Neugeborene in der Hebammenpraxis, Hippokrates Verlag 2010, S. 352

- Lorber, Katharina/Hanf, Jördis: Krippenkonzepte und Konzeptionsentwicklung. In: Neuß, Prof. Dr. Norbert (Hrsg.): Grundwissen Krippenpädagogik: Ein Lehr- und Arbeitsbuch, Cornelsen Verlag, Berlin 2011, S. 60 - 75

- Majewski, Andrzej und Jolanta: Kinder stärken: Ein Leitfaden durch die psychomotorische Entwicklungsförderung - Theorie und Praxis, Hofmann Verlag, Schorndorf 2012

- Melchert, Katharina: Grundlagen der Psychomotorik im Kontext der Arbeit mit Kindern in den ersten drei Lebensjahren, 2011

- Neuß, Prof. Dr. Norbert: Bildung und Erziehung von Kleinstkindern. In: Neuß, Prof. Dr. Norbert (Hrsg.): Grundwissen Krippenpädagogik: Ein Lehr- und Arbeitsbuch, Cornelsen Verlag, Berlin 2011, S. 113 -119

- Pastuch, Peter: Bewegtes Lernen in rasenden, flimmernden und lärmenden Zeiten. In: Hunger, Ina/Zimmer, Prof. Dr. Renate: Frühe Kindheit in Bewegung: Entwicklungspotenziale nutzen, Hofmann Verlag 2012, S. 85 - 89

- Robert Koch-Institut: Beiträge zur Gesundheitsberichterstattung des Bundes: Lebensphasenspezifische Gesundheit von Kindern und

Jugendlichen in Deutschland - Ergebnisse des Nationalen Kinder- und Jugendgesundheitssurveys (KIGGS), Oktoberdruck AG, Berlin 2008

• Seeger, Christina/Seeger, Roland: Kinder unter 3 Jahren optimal fördern. Kinder lernen anders als wir glauben, Kinder lernen mit Lust und voller Bewegung! In: Motorik - Zeitschrift für Motopädagogik und Mototherapie, 1/2011, S. 11-16.

• Strätz, Rainer: Bewegtes Frühkindliche Bildung: Das Wichtige richtig tun. In: Hunger, Ina/Zimmer, Prof. Dr. Renate: Frühe Kindheit in Bewegung: Entwicklungspotenziale nutzen, Hofmann Verlag 2012, S. 42 - 55

• Wertfein, Monika: Der kompetente Säugling - entwicklungspsychologisches Basiswissen. In: Neuß, Prof. Dr. Norbert (Hrsg.): Grundwissen Krippenpädagogik: Ein Lehr- und Arbeitsbuch, Cornelsen Verlag, Berlin 2011, S. 35 - 46

• Wulff, Bundespräsident a.D. Christian: Rede zur Eröffnung des Kongresses "Bewegte Kindheit" am 17. März 2011 in Osnabrück. In: Hunger, Ina/Zimmer, Prof. Dr. Renate: Frühe Kindheit in Bewegung:

Entwicklungspotenziale nutzen, Hofmann Verlag 2012, S. 11 - 15

- Zeiß, Julia: Anregungsreiche Räume für die Jüngsten. In: Neuß, Prof. Dr. Norbert (Hrsg.): Grundwissen Krippenpädagogik: Ein Lehr- und Arbeitsbuch, Cornelsen Verlag, Berlin 2011, S. 76 - 85

- Zimmer, Prof. Dr. Renate: Alles über den Bewegungskindergarten, Herder Verlag, Freiburg, 2006 (2. Gesamtauflage)

- Zimmer, Prof. Dr. Renate: Handbuch der Psychomotorik: Theorie und Praxis der psychomotorischen Förderung von Kindern, Herder Verlag, Freiburg, 2008 (10. Gesamtauflage)

- Zimmer, Prof. Dr. Renate (Hrsg.): Psychomotorik für Kinder unter 3 Jahren: Entwicklungsförderung durch Bewegung, Herder Verlag, Freiburg, 2011

- Zimmer, Prof. Dr. Renate: Bewegung als Motor des Lernens, nifbe, 2012

- Zimmer, Prof. Dr. Renate: Handbuch der Bewegungserziehung: Grundlagen für Ausbildung und pädagogische Praxis, Herder Verlag, Freiburg, 2014 (26. Gesamtauflage)

Internetseiten

- http://www.der-wuselgarten.de/sinn-volle-details.html
  (Zugriff am 30.7.2014)
- http://www.ifp.bayern.de/projekte/laufende/krombholz-
  bewegung1.html (Zugriff am 14.7.2014)
- http://www.aok.de/hessen/gesundheit/sport-und-
  bewegungsguide-warum-bewegung-fuer-kinder-wichtig-
  15887.php (Zugriff am 14.7.2014)
- http://holzspielgeraete.basisgemeinde.de/spiel-und-
  bewegung (Zugriff am 30.7.2014)
- http://montessori-bamberg.de/padagogik/montessori-
  zitate/ (Zugriff am 1.8.2014)
- http://www.sopaed.uni-
  rostock.de/forschung/evidenzbasierte-
  bewegungsfoerderung-im-fruehen-
  kindergartenalter/publikationen-und-vortraege/ (Zugriff
  am 14.7.2014)

Abbildungen

- Abbildung 1: eigenes Schaubild
- Abbildung 2: Zimmer, Prof. Dr. Renate: Handbuch der Psychomotorik: Theorie und Praxis der psychomotorischen Förderung von Kindern, Herder Verlag, 10. Gesamtauflage, Freiburg, 2008, S. 53
- Abbildung 3: Beckmann, Ulrich: Praktischer Ratgeber zur Bewegungserziehung im Kleinkind- und Vorschulalter, Sportjugend NRW, 4. Auflage, Duisburg 2005, S. 9
- Abbildung 4: eigenes Schaubild
- Abbildung 5: vgl. Neuß 2011, S. 117; Zimmer 2014, S. 88ff.; Herm 2006, S. 42ff.; Böcker 2011, S. 7ff.
- Abbildungen 6 - 13: eigene Aufnahmen aus der "Krabbelstube Miniflitzer" in Frankfurt